京师青年艺术论丛　黄会林 胡智锋 王宜文　主编

新公共服务视角下我国公共文化机构法人治理研究

李强　著

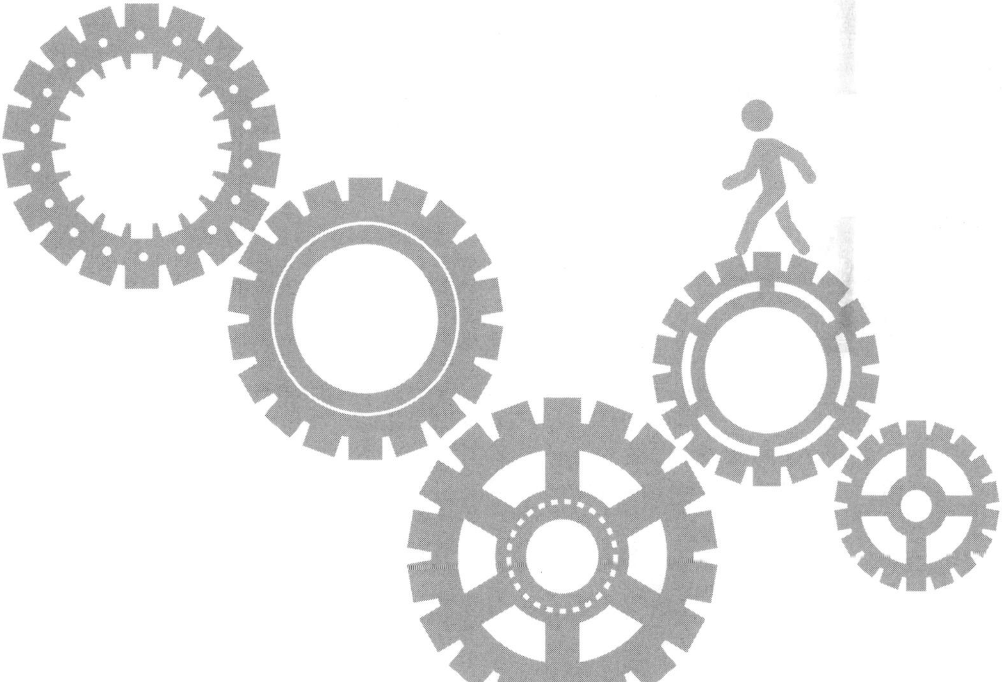

中国国际广播出版社

图书在版编目（CIP）数据

新公共服务视角下我国公共文化机构法人治理研究 / 李强著. —北京：中国国际广播出版社，2021.5
ISBN 978-7-5078-4903-5

Ⅰ.①新… Ⅱ.①李… Ⅲ.①文化机构－法人治理结构－研究－中国 Ⅳ.①G123

中国版本图书馆CIP数据核字（2021）第098500号

新公共服务视角下我国公共文化机构法人治理研究

著　　者	李　强
责任编辑	林钰鑫
校　　对	张　娜
版式设计	邢秀娟
封面设计	赵冰波

出版发行	中国国际广播出版社有限公司 ［010-89508207（传真）］
社　　址	北京市丰台区榴乡路88号石榴中心2号楼1701
	邮编：100079
印　　刷	天津市新科印刷有限公司

开　　本	710×1000　1/16
字　　数	150千字
印　　张	9.75
版　　次	2021年5月 北京第一版
印　　次	2021年5月 第一次印刷
定　　价	28.00元

版权所有　　盗版必究

序 一

黄会林　胡智锋　王宜文

《京师青年艺术论丛》即将推出，这是北京师范大学艺术研究领域青年学者和学子们创新成果的汇集，中国的艺术学科迎来了一群朝气蓬勃的年轻人，他们也带来了新鲜的活力、锐气和探索精神。祝贺这些成果和这些年轻人的出现，并期待本论丛推进中国艺术学科的学术研究和科学进步。在丛书即将问世之际，我们认为，有必要对中国的艺术学科所面临的新环境、新挑战与未来发展前景等做一点探究，同时，也对包括本论丛在内的京师艺术研究学派自身的发展脉络、宗旨、特征等进行一下梳理与探索。

中国艺术学科面临的新环境

世界格局在过去几百年间实际上是由西方主导的。西方经由文艺复兴这场文化革命解放了人，又经过工业革命解放了生产力，积累了人类历史上超过过去几千年的财富总和，再经过近代19、20世纪的社会运动——从法国大革命、英国大革命直到美国大革命之后带来的社会革命——解放了生产关系，建构了现代西方的政治体系、社会体系和文化体系。

这个较为完整的政治、经济、社会、文化体系百余年来一直在主控着人类社会。以二元对立哲学为主建构起来的西方文化影响着全世界，在价值观、思维方式和生活方式等方面深刻影响着人类社会。

这个状态从19世纪以来就一直在东西方的冲撞之中蔓延着。作为拥有数千年文化沉淀的东方大国，中国一直试图调整并改变这种状态。但近代以来的中国，经济、政治、文化处于全面衰弱状态，直到中华人民共和国成立才开始了独立自主的进程。经过70年的努力，特别是改革开放40多年来的努力，中国实现了从站起来、富起来到强起来的伟大转折。

2012年，中国第一次在经济总量上超过了日本，成为世界第二大经济体。有人预测，用不了多少年，中国将超过美国，成为世界第一大经济体。更有观点认为，中国已经成为世界经济的火车头。一方面，我们可以看到，这些成就让中国人的百年屈辱得以洗刷，使长期在西方体系压制下被压迫、被剥夺、被歧视的民族屈辱得以洗刷；另一方面，我们又必须清醒地看到，西方体系依然强势地主导着世界，特别是在文化上，也就是我们所说的"文化软实力"。在经济硬实力的快速发展中，我们越来越感觉到自身在文化软实力上相对太软，无法与快速发展、增长的经济硬实力相匹配。诚然，我们的硬实力，如各种经济指标，确实为国人以及世人所认可、所羡慕；但与此相应，我们的价值观、审美观等文化软实力是否能与硬实力相匹配，这无疑是摆在我们面前的令人警醒的重大问题。

我们认为，中华文化只有表现出足够的魅力和丰富的内涵，才能真正让世界敬佩。艺术作为当今世界最为直观、生动的文化载体和传媒载体，它在文化创造、文化交流和传播方面，毫无疑问扮演着举足轻重的角色。或者说，艺术对于中国文化软实力的提升将扮演极其重要的角色。艺术学科在面临国家文化软实力提升的新环境之下，理应在战略层面有更大的抱负——努力在学科建设的宗旨、目标、方向和规划中，以全球化的视野打造新全球化环境，彰显中华文化魅力与特色的学科内涵，并为中国文化提升提供基础性和战略性的支撑。

中国艺术学科面临的新挑战

"双一流"建设无疑是中国高等教育目前发展的主旋律。北京师范大学的艺术学科，特别是戏剧与影视学科在"双一流"建设中，也获得了前所未有的机遇。但艺术学科在"双一流"建设的语境中，到底应当呈现出怎样的格局与面貌呢？

至少有以下五个层面值得思考。第一，从整体的学科布局看，艺术学科点在总量上应当有怎样的规模，在区域上应当有怎样的布局；第二，在人才培养层次上，本科、硕士、博士的学位点在设置中，应当有怎样的比例；第三，在学术研究上，应当达到怎样的水准；第四，在整体质量上，应当达到怎样的标准；第五，在与国际同行的竞争与对比中，应当体现出怎样的优势与特色。这些都是艺术学科在"双一流"建设中所面临的亟须回应与解决的重要问题。在新环境中，艺术学科就目前国家需求、行业需求、学术发展需求等而言，确实还存在诸多不足。无疑，在师资队伍、学科体制、学术水平、培养体系、文化传承与创新等方面，我们将面临诸多新的挑战。

目前，艺术学科在服务国家、行业以及学科等方面能力有限。对于国家在艺术发展方面的宏观规划，我们能提供多少有价值的战略性咨询？对于艺术行业发展的迫切需求，我们能拿出多少有用的应用性对策？对于学科的自身发展，我们能拿出多少有价值的回应？而在艺术基础性研究中，又能有多少新领域、新观点、新方法、新范式做出相应的贡献？在与全球艺术同行的对比中，我们又能拿出多少具有中国特色，同时具有国际影响力的作品与学术成果？这些都是艺术学科在"双一流"语境中需要发力的空间与面临的挑战所在。

伴随国际文化交流的不断加强，艺术学科在文化传承与创新中理应发挥更为重大的作用。譬如艺术对于中华文化的传承，包括中华文化所延伸的民族精神、价值观等的传承，扮演着怎么样的角色，以及艺术学科对于当代中国文化的建设，又应发挥怎样的作用、贡献，等等。这些都是目前摆在我们学科面前的挑战，需要不断梳理、探究，并找准方向，努力奋进。

中国艺术学科发展的新对策

在新环境中，鉴于中国艺术学科所面临的新挑战，我们有以下三点思考。

（一）人文性

中国艺术学科的发展，一方面要看到巨大的时代性机遇，另一方面更要意识到即将面临更巨大的挑战。要怎样去发展，或用什么样的理念去发展，首先离不开强化人文性，这是一个价值功能和价值属性的问题。

中华人民共和国成立以来，虽然在艺术研究的民族化方面有了一些重要的成功探索，但我们在学科建设上更多接受的是西方的影响。对于这些影响，一方面，我们要肯定其技术与文化价值；另一方面，其折射出的价值观，如种族歧视、文化歧视等，比比皆是，对我们学科甚至我国的文化建构产生了负面影响，这是一个令人担忧的问题。我们要清醒地看到，技术背后的文化质素是更深层的、更厚重的存在，这也是艺术学科在价值观、价值体系的建构中应当具有的更强的文化自信和文化自觉。把中华文化的优秀传统融入有中国特色的艺术学科建设当中，这一点我们要大张旗鼓地鼓励与呼吁。

（二）科学性

在新环境与新挑战的共同影响下，中国艺术学科的发展对策离不开科学性的建构。科学性包括两个方面的理解。首先，是尊重专业规律。譬如，戏剧与影视学科在创作和传播中都有自身的规律，如电影、电视有其自身的规律，戏剧、戏曲有其自身的规律，而这些规律中的技术规范、创作规范、传播规范等，需要从专业视角加以尊重，这是艺术学科科学性发展的第一个内涵。其次，是尊重逻辑性。在艺术学科的内部构建中，本科、硕士、博士不同培养层次存在不同的逻辑性，而在每一个层面中，专业和通识教育、技术和理论教育等都存在比重问题、手段问题、实施问题。这些涵盖内在逻辑的问题，需要我们去挖掘探索。又如学科中的理论与实务、艺术与技术、创作与传播等，它们之间的比重与衔接所蕴含的逻辑性关系也需要进一步厘清。

（三）创新性

在人文性、科学性的基础上，艺术学科的发展更应该有勇气去大胆创新，此即本书在新对策方面所强调的创新性。

从学科外部来看，全世界没有一个固有模式决定必须通过什么样的路径去发展；从学科本身而言，其艺术性的内蕴也折射出各种各样的可能性。因此，每一个学科中的专业都具有其创新的空间。例如，开设艺术学科的有综合性大学、工科大学、文科大学、师范类大学、专业类艺术院校等，不同的学校、学院对于艺术人才的培养理念、路径等会存在不同，但正是这种差异给我们的创新提供了巨大空间。所以，在面向世界的艺术学科的建构中，每个学校、学院、学科点都完全可以结合自身的实际，利用自身优势，在差异化中创建自身特色。

我们认为，艺术学科发展的具体创新模式有以下三点：第一，在传承中创新，弃旧更新。要在新环境中充分吸纳历史经验，结合新的时代需求，做重新整合。第二，敢于进行创新创造，敢于立论。要根据国家、行业、教育发展提出新的需求，并积极创建新的学科、新的专业、新的方向、新的课程、新的教育内容与新的社会服务模式等。第三，广泛借鉴与整合。要通过对传统文化、国际同行的不断借鉴学习、汲取精华，并结合中国艺术学科的发展特色，整合出新的学科发展经验。

通过对人文性、科学性、创新性的把握，沿着中国特色、时代特色和行业发展需求谋篇布局，规划设计形成新的教育模式、科研模式和社会服务模式等，我们将会把艺术学科发展推进到新的境界。

艺术研究京师学派的历史传承与建构

北京师范大学是一所底蕴深厚的百年老校，是中国现代高等艺术教育的发祥地之一，也一直是中国艺术研究领域的重镇。目前的艺术与传媒学院将传统艺术与现代传媒的诸种学科有机结合，在别的高校不断切分学院和学科的情况下，北京师范大学实现了二者的奇妙融合，形成了一种交叉性优势。北京师范大学始终秉持人文性、综合性、复合性的理念，与专业院校相比，一方面，彰显出传承中华优秀文化、体现中华文化魅力和中国东方审美气质的人文性追求；另一方面，展现出百年老校综合性大学多学科交叉以及艺术多学科融合的双综合优势（艺术与传媒学院有影视、音乐、美术、舞蹈、数字媒体、设计、书法及艺术学等全覆盖的艺术传媒学科），凸显出综合性大学艺术学科的特色与优势。诸多年轻学子、年轻教师就是在这样的包容共享的环境中成长起来，彼此砥砺前行。思想的火花、创新的构思，不断闪现在这片积淀深厚又年轻活跃的园地，使北京师范大学的学术研究始终保持朝气和活力，接纳来自这些年轻学人的源头与活水。

我们积极倡导和构建艺术研究的"京师学派"，核心主旨就是在学术研究过程中强调对民族化、中国化的密切关注。我们认为，应当以中国美学的独特视角去研究中国艺术现象，既吸收世界艺术的精华，又坚持中国文化的民族性，实现中国美学与西方美学在中国当代艺术实践中的融合。只有这样，我们才能创造出具有现代意识与民族风格的艺术作品，建立起当代艺术研究的中国学派。

我们期待，通过不断的努力，让包括《京师青年艺术论丛》这些年轻学子的科研创新，逐渐形成特色鲜明的京师艺术研究学派。我们期待这套丛书能够为京师艺术学派的建设和中国艺术学科的发展做出独特的贡献。

序 二

推动法人治理结构现代化的理论探索

杨乘虎

以公共图书馆、博物馆、文化馆、科技馆、美术馆为重点领域，推动公共文化机构建立以理事会为主要形式的法人治理结构，吸纳有关方面代表、专业人士、各界群众参与管理，落实法人自主权，进一步提升公共文化机构的管理水平和服务效能，是当前我国加快转变政府职能，深化公益性文化事业单位改革的重点之一。

为此，国家先后出台《关于建立和完善事业单位法人治理结构的意见》（2011）、《中共中央关于全面深化改革若干重大问题的决定》（2013）等政策文件，颁布实施《中华人民共和国公共文化服务保障法》（2017）、《中华人民共和国公共图书馆法》（2018）等法律，强力推进公共文化机构法人治理深度实施。与之相呼应，2014年，文化部[①]建立第一批公共文化机构法人治理试点，开启实践探索的经验积累。2017年9月，中宣部、文化部等七部门联合印发《关于深入推进公共文化机构法人治理结构改革的实施方案》，从时间节点、内容配套、目标要求等方面形成了系统的改革框架。"十三五"规划时期，法人治理结构改革任务的推进已经取得了显著成果。

《中华人民共和国国民经济和社会发展第十四个五年规划和2035年远景目标纲要》第三十六章第三节《深化文化体制改革》提出："完善文化管理体

---

① 2018年，我国将文化部、国家旅游局的职责整合，组建文化和旅游部，作为国务院组成部门。

制和生产经营机制,提升文化治理效能。"这说明"十四五"时期,完善国有文化资产管理体制机制,深化公益性文化事业单位改革,推进公共文化机构法人治理结构改革,仍然是深化文化体制改革的重要环节,需要理论研究的跟进与深化。

这一领域的已有研究,存在"两多两少"的显著特点。一是较多从机构主体视角侧重公共文化领域的行业共性,对制度背后的支撑逻辑研究不足,具体体现为对图书馆、文化馆、博物馆等公共文化机构的法人治理探索进行的分析居多,聚焦于理事会的定位、功能、构成、运作等具体技术层面,但是对法人治理制度的背景研究相对较少,对其包含的理论逻辑和配套支撑缺乏系统梳理。二是较多从行政管理角度审视公共文化机构法人治理各主体之间的关系,服务视角与公众参与视角的研究依然薄弱,而对多元主体共治、法治保障、社会监督等探索尚未有效展开。

立足中国国情与中国实际,结合国际管理新思潮,思考探索政府、公共文化机构、公众思维方式和行为方式的转变,既是基于"十四五"时期的国家需要和时代需要,也是这一领域理论研究自身发展的学术需要,对于我国公共文化机构法人治理的理论创新和实践探索,具有极其重要的意义。

首先,基于建设现代文化治理体系的国家需要。文化治理是国家治理体系里"更基础、更广泛、更深厚"的治理形式,与其他治理形式相互联系、互相作用。文化建设作为国家五位一体总体布局的构成方面,决定了文化治理在国家治理体系中的重要地位。探索推进公共文化机构法人治理改革是政府职能转变的重要内容,是以保障公众基本文化权益为制度和政策设计出发点的制度创新,也是公共文化机构从传统管理方式向现代治理体系转变的积极探索。立足中国国情,建立中国特色公共文化机构法人治理制度,利用文化自身发展规律和社会功能,调动各方积极性,实现社会有序运转,是坚定新时代中国特色社会主义文化自信的重要体现,更是构建现代文化治理体系的国家需要,对于繁荣发展社会主义文化,建设社会主义文化强国,具有重大而深远的战略意义。

其次,基于公共文化服务高质量发展的时代需要。公共文化机构建立法人治理结构,推行法人治理运行机制,能够更好地完成其目标宗旨,发挥公共文化服务的最佳效能。检视我国公共文化机构法人治理的现存问题,公共文化机构法人治理还处于起步阶段,传统管理体制的制约因素依然较大,需要在下一阶段工作中研究探讨深化实践的路径。作为源起于国外的一种治理方式,法人治理涉及政府、公共文化部门和社会各方利益相关者之间的关系的调整。如何更精准地将其置于我国的具体制度背景,如社会性质、文化体制、政府政策等限定下进行讨论和把握,在文化发展方式创新中结合国情,对文化治理模式的变革具有紧迫的现实意义。

再次,基于公共文化治理研究理论创新的学术需要。由于中外政治制度、文化制度与学术语境的差异,关于"治理理论"的内涵及外延的阐释仍然莫衷一是、界限模糊。随着西方公共管理学、公共政策学等学科建设日益完善,以新公共管理、新公共服务等为代表的理论研究为当代公共文化服务研究提供了充实的理论基础,这些理论、学说适应了西方国家以新公共行政和服务型政府建设为主要价值诉求的政府改革,对世界公共行政的发展产生了深远影响,也为我国现代治理体系提供了学理的路径参考和理论借鉴。相比于全球文化治理历经30余年的研究积累,我国公共文化治理的研究虽然刚刚起步,但是未来可期。从新公共服务理论的视角研究法人治理理论在我国公共文化机构中的运用,不仅可以填补学术界在这一研究领域的空白,也将推动源起于西方公司股东与经理人之间的委托代理关系在我国公共文化机构中的转化与运用。

任何管理理念的转变都植根于不断变化的时代特征。本书以新公共服务理论为视角,通过梳理法人治理制度的理论逻辑和配套支撑,在传统公共行政和新公共管理实践成效基础上进行总结反思,探讨如何突破现有人事、财政体系的限制,充分发挥理事会的作用,真正落实法人自主权,建立规范合理的现代管理体制和运行机制,对于我国公共文化机构法人治理的未来发展具有较强的借鉴意义,也期待这一研究成果为我国公共文化服务高质量发展提供理论的动力,为现代文化治理体系和治理能力的现代化,提供理论思考。

2021 年 7 月
于北京

（作者系国家文化和旅游公共服务专家委员会秘书长，北京师范大学国家公共文化发展研究中心执行主任、教授、博士生导师）

目 录

绪　论 / 001

第一章　公共文化机构法人治理：概念、理论沿革与域外实践 / 003

第一节　相关概念界定 / 003

　一、公共文化机构界定 / 003

　二、法人治理 / 005

　三、公共文化机构法人治理 / 006

第二节　公共文化机构法人治理理论基础 / 009

　一、经济学与管理学领域的公司治理相关理论 / 010

　二、政治学与公共管理学领域的治理相关理论 / 013

第三节　国外公共文化机构法人治理实践 / 017

　一、理事会人员的产生与构成 / 018

　二、理事会职能 / 019

　三、理事会决策机制 / 019

　四、资金获取渠道 / 021

　五、法律保障体系 / 021

第二章 我国公共文化机构法人治理的引入：历史、动因与现状 / 023

第一节 我国公共文化机构治理模式历史追溯 / 023
一、清末民国时期：近代法人治理制度草创 / 023
二、中华人民共和国成立：计划经济政事一体化管理模式 / 024
三、20世纪90年代以来：事业单位法人治理分类改革 / 024

第二节 我国引进法人治理制度的动因 / 027
一、公共文化机构法人治理是建设现代文化治理体系的国家需要 / 027
二、公共文化机构法人治理是公共文化服务高质量发展的时代需要 / 029
三、公共文化机构的所有权与经营权分离构成法人治理的现实基础 / 030

第三节 我国公共文化机构法人治理的突出特点 / 031
一、中国共产党在公共文化机构法人治理中的核心地位 / 032
二、政府在公共文化机构法人治理中的主导作用 / 033

第四节 我国公共文化机构法人治理的现状 / 033
一、法人治理结构主要形式：理事会+管理层 / 033
二、理事会主流类型：决策与监督型 / 035
三、理事会组成：吸纳社会多方面人士参与 / 036
四、理事会运行机制及配套：摸索中完善 / 037

第三章 新公共服务视角的选取：逻辑与框架 / 038

第一节 研究现状：缺乏服务视角与公众参与视角 / 038
一、法人治理相关概念研究 / 039

二、法人治理组织架构相关研究 / 039

三、法人治理相关运行机制研究 / 040

四、其他方面的相关研究 / 041

第二节 以新公共服务为视角研究的理论逻辑 / 044

一、新公共服务理念在我国公共文化机构法人治理中的话语基础 / 044

二、新公共服务理念与我国公共文化机构法人治理核心需求的契合点 / 045

三、公共文化机构法人治理关键要素在不同理论中的特点比较 / 047

第三节 基于新公共服务视角的我国公共文化机构法人治理分析框架 / 053

一、制度起点：公共利益保障中的多元利益诉求分析 / 053

二、服务主体：理事会多元主体共治目标下的运行分析 / 053

三、管理主体：政府和公共文化机构角色分析 / 054

四、服务客体：公众参与分析 / 055

五、配套保障：法治体系建设分析 / 055

第四章 公共利益保障：目标，而非副产品 / 056

第一节 公共文化机构法人治理语境下的公共利益 / 056

一、公共利益的内涵 / 056

二、我国公共文化机构法人治理的公共利益特征 / 057

第二节 公共文化机构法人治理过程中公共利益实现的障碍 / 058

一、公共文化机构公共利益实现过程中的公私矛盾 / 058

二、理事会成员多元利益诉求对公共利益实现的影响 / 060

第三节 基于对话与参与的公共利益构建 / 062

  一、明确公共利益作为法人治理的逻辑起点 / 063

  二、促进公共文化机构主导下的对话与参与 / 063

  三、保障多元主体参与治理机会均等 / 064

  四、实现多元治理主体的利益平衡 / 064

第五章 公共文化机构理事会运行：多元共治的结构、机制与目标 / 066

第一节 公共文化机构理事会的组建与运行制度 / 067

  一、法人治理多元主体共治的架构设计 / 067

  二、章程的制定和制度建设 / 070

第二节 理事会制度的几种地方特色实践 / 073

  一、总分馆联合理事会 / 074

  二、多馆联合理事会 / 075

  三、基层公共文化综合体法人治理制度 / 076

第三节 透明、民主、法治的共治机制的构建 / 077

  一、理顺理事会与其他主体权责关系 / 078

  二、建立分工明确、科学合理的决策架构 / 081

  三、完善制度设计，确保理事会运行需求落实到位 / 084

  四、加大创新力度，探索不同类型理事会模式 / 088

第六章 行政角色：从管理走向治理 / 089

第一节 政府推进和指导下的公共文化机构法人治理实践经验 / 091

  一、制度推行从指令到指导的转变 / 091

  二、人事管理制度改革从身份管理向岗位管理转变 / 093

三、扩大公共文化机构的财务自主权 / 094

第二节　政府作用的巩固与完善：从划桨转向掌舵 / 095

一、寻找政府意识形态管理与服务理念的平衡点 / 095

二、进一步探索公共文化机构人事管理自主权的实现形式 / 097

三、从"记账算账"转向积极的财务管理 / 099

第七章　公众参与：自身文化权益的实现与更广泛社会责任的承担 / 103

第一节　公共文化机构法人治理的目的是公众参与 / 103

一、作为公众权利的公共文化服务 / 103

二、参与不是手段，而是目的 / 104

第二节　公共文化机构公众参与理事会的行业特征 / 105

一、公共图书馆：发挥社会理事对阅读的推广作用 / 105

二、公共博物馆：社会理事的专业性突出 / 105

三、群众文艺机构：发挥热心群众代表的辐射带动作用 / 106

第三节　公众自发参与机制的构建 / 106

一、公众文化权利意识和责任意识的培养 / 106

二、畅通理事会与公众连接渠道 / 107

三、发挥社会组织桥梁纽带作用 / 108

四、积极参与内容管理 / 108

五、吸引社会力量投入 / 109

第八章　法治保障：实现文化权利的合理分配 / 111

第一节　公共文化机构法人治理法律依据 / 111

一、宪法依据 / 111

二、法律依据 / 112

第二节　我国公共文化机构法人治理法律保障体系 / 113

一、公共文化机构法人治理法治保障体系概况 / 113

二、公共图书馆法人治理法治保障体系 / 115

三、博物馆法人治理法治保障体系 / 116

四、群众文艺机构法人治理法治保障体系 / 117

第三节　公共文化机构法人治理法治保障体系的完善 / 118

一、在行政法治中体现公共文化服务的重要价值 / 119

二、在立法工作中强化对法人治理结构建设的专题阐释 / 120

三、完善配套法律保障 / 121

结　语 / 123
参考文献 / 125

绪 论

21世纪初，伴随着治理体系和治理能力现代化的推进，我国公共文化治理领域开始自上而下探索推进公共文化机构法人治理改革，目的是通过法人治理结构改革，理顺政府、公共文化机构和公众之间复杂的委托代理关系，调动社会力量参与兴办公共文化服务的积极性，从而实现公共文化服务健康持续发展。然而，法人治理最早作为西方公司解决股东与管理者之间委托代理利益冲突的制度设计，它的有效实施需要有科学的组织结构、明确的权责关系、系统的法治保障等一系列配套措施支撑，这与我国目前政府主导型的政事一体化公共文化管理制度和公共文化机构科层制的组织架构有着很大的差异。实施法人治理制度就像引入自来水系统一样，忽视背后错综复杂的管道铺设、污水处理等配套设施，仅仅安装一个水龙头并不能实现其功能。因此，法人治理制度能否在中国的制度背景和社会环境下顺利"出水"是我国公共文化机构推行法人治理无法回避的问题。

虽然很多公共文化机构目前都已经搭建起了"理事会+管理层"的法人治理结构框架，但是形式上完备不等于实施上有效。目前来看，我国公共文化机构法人治理是基于中国特色社会主义治理背景下的实践，与西方法人治理制度形成所依托的理论话语体系有根本区别，但也不能简单依此否定我国公共文化机构法人治理实践的合理性，应该从法人治理的内涵与价值内核中检视我国公共文化法人治理的现状与未来。笔者认为，我国公共文化机构建立法人治理结构，推行法人治理运行机制，一是源于计划经济管理模式向市场经济管理模式转型的现实需求，二是源于我国公共文化机构所有权与经营权相分离背景下的合理路径选择。然而，试点阶段的改革在推进过程中出现的问题和不足也必须受到重视。目前来看，这些不足主要表现在：法人治理公共利益保护中的多元价值诉求冲突没有得到重视，决策权、执行权、监督权的运行结构失衡，公共文化机构法人治理行政化方式难以改变，社会公众参与决策和监督途径不畅通，相关配套的政策法规不完善，人事、财政等问题依然是公共文化机构实现法人自主权的最大障碍。基于上述问题，有必要聚焦中国公共文化机构法人治理的现实问题，立足中国国情、中国实际、中国特色，将制度自信、理论自信、道路自信、文化自信作为构建现代化公共文化治理体系的逻辑支点与价值追求，从中探寻一整套植根于党和国家文化事业发展，立足于中国现代公共文化治理实际，具有较强制度执行能力的中国现代公共文化治理体系，为公共文化治理现代化提供中国方案、中国样本。

笔者通过对比国内外法人治理实践背后的理论源流、制度设计、相关配套，总结出法人治理有效实施的核心要素；然后通过梳理我国公共文化机构法人治理的内涵和发展现状，解释我国公共文化机构实行法人治理的合理性和不足。同时，笔者通过梳理国际治理理论发展演变，以新公共服务为视角，通过分析新公共服务理念与公共文化机构法人治理目标的耦合性，以及对比法人治理核心要素发展演变过程中的理论沿革，来验证视角的有效性和科学性，在此基础上搭建本书的分析框架。本书主要以2014年文化部首批10家公共文化机构法人治理试点单位为主要研究对象，辅之以其他几家推进法人治理改革较有成果的单位的具体案例，结合公共利益、公众参与等新公共服务视角分析我国公共文化机构法人治理的制度出发点、机构运行、政府角色、公众参与、配套保障等环节的现状和问题。笔者通过目前我国公共文化机构法人治理现状印证理论，分析不足，进一步提出完善我国公共文化机构法人治理的建议和对策，希望能对公共文化机构法人治理进一步实质化、本土化有所借鉴。

第一章 公共文化机构法人治理：概念、理论沿革与域外实践

第一节 相关概念界定

一、公共文化机构界定

（一）本书研究的公共文化机构

"公共文化机构"作为一个词组并未收录在《现代汉语词典》中。通过查阅相关资料，"公共文化机构"作为政府文件用语最早见于2012年3月《文化部关于在公共文化机构深入开展学雷锋活动的通知》。2014年7月，文化部办公厅印发《公共文化机构法人治理结构试点工作方案》，是有关公共文化机构法人治理最早、最直接相关的主体表述。同年9月确定的国家公共文化机构法人治理结构试点单位名单，将重庆图书馆、广东省博物馆、山东省济南市群众艺术馆等3类10家公共文化单位列入其中。此前，在《中共中央 国务院关于分类推进事业单位改革的指导意见》（2011）和《中共中央关于全面深化改革若干重大问题的决定》（2013）中，此类公共文化机构都是以"公益服务事业单位""文化事业单位"等政府文件用语出现的。2017年9月，中宣部、文化部等七部门联合印发《关于深入推进公共文化机构法人治理结构改革的实施方案》，"公共文化机构"开始更多进入实践与理论研究视野。

从囊括主体看，公共文化机构外延很广，典型的公共文化机构主要包括

由文化行政部门主管的公共图书馆、群众文艺机构、公共博物馆等，广义上还包括美术馆、科技馆、少年宫等公共服务机构。从提供服务的内容来看，公共文化机构提供的服务是公益性极强的公共文化产品，追求的是社会效益的最大化，体现的是全体社会成员的共同文化利益。这种服务只是保障公众最基本的文化需求，但是每个公众在获取这些文化权利时都享有便捷获取、内容均等、机会均等等权利。

基于上述特点，笔者把公共文化机构定义为：由政府相关机构提供支持保障，以保障全体社会成员最基本的文化权益为目的，向全体社会成员提供公益性、基本性、均等性、便利性文化服务的机构。

需要说明的是，国外语境里没有与我国事业单位相对应的概念，考察多数国家公共文化机构的治理情况，虽然公共图书馆、文化中心、公共博物馆等根据国情不同被划入非营利组织、法定机构等不同类别，而从服务的目标受众和提供的服务内容来看，公共图书馆、文化中心、公共博物馆等都是最典型的公共文化机构。基于管理主体、服务内容和服务对象的一致性，本书的研究对象主要为公共图书馆、群众文艺机构、公共博物馆这三类公共文化机构。

（二）我国公共文化机构分类

在我国，公共图书馆、群众文艺机构、公共博物馆等这些公共文化机构被定义为民法上的事业单位法人，由各地的文化旅游主管部门主管。目前，这些公共文化机构根据"三定方案"确定机构、编制和职能。根据《事业单位登记管理暂行条例》(2004)的规定，事业单位由国家事业经费负担，其职能为政府任务的移转（委办）。因此，目前我国公共文化机构一般是文化行政单位的下属机构，决策权力属于政府主管部门；人员依据《事业单位人事管理条例》(2014)等人事法规聘用；每年按照财政部门规定的要求编制年度预算，经主管部门审核汇总后报财政部门。以此为前提，公共图书馆是政府依法设立，由国家负担绝大部分经费，从事典籍收藏、阅读服务、信息交流等公益事业的法人，依法独立享有民事权利和承担民事义务；博物馆的设立必须依法取得法人资格。《博物馆管理办法》(2006)也详细规定了博物馆取得法人资格的条件。文物行政部门在法律规定的范围内行使博物馆的设立审核、变更审核、年检、藏品备案与监管等;群众文艺机构的法律性质目前并不清晰,命名方面也不统一,有些地方叫文化中心,有些地方综合服务中心承担一部分文化馆的职能。从实践来看,有些群众文艺机构还承担了部分文化行政机构的行政职能。

二、法人治理

"法人治理"一词来源于公司治理,一开始是为了解决所有者和经营者利益冲突导致的代理问题而进行的制度设计,其核心是在法律框架内实现各利益相关者权力和利益的合理分配和制衡,在实践中形成了以法治为基础的运行模式。公司法人治理的结构组成、运行规范、运作规则等都由法律具体规定(见图1-1)。

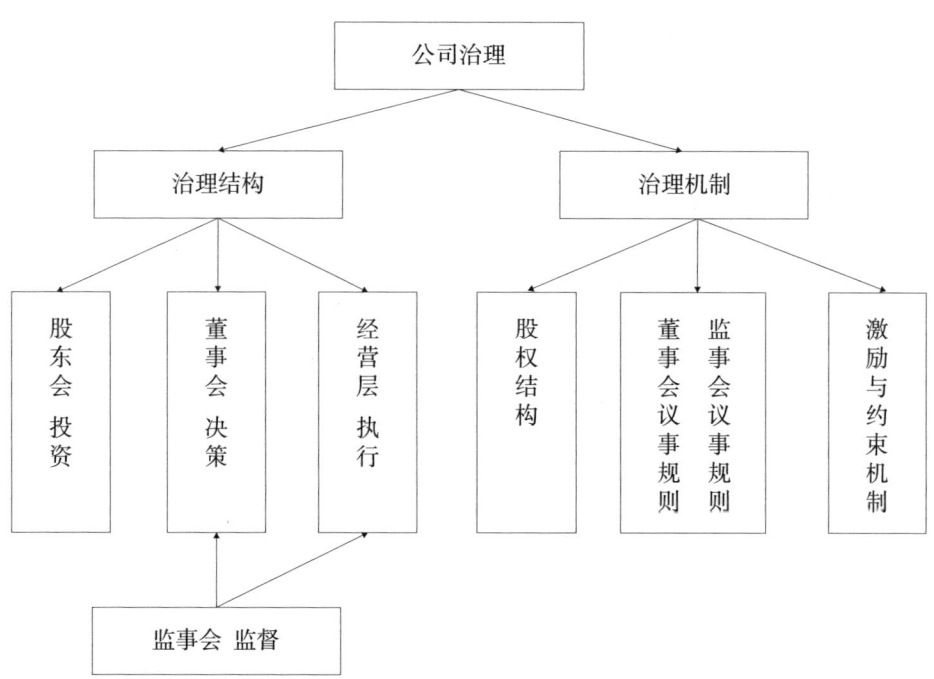

图 1-1 基本的公司治理结构

总结公司法人治理经验,治理结构的规范性、治理机制的有效性和治理规则的适用性是决定法人治理是否能有效运行的关键。①如果把公司比喻成一个人，治理结构就像一副骨架，支撑起公司的运作，股东大会可以看作人的心脏，董事会是人的头脑，经理人是人的手脚，监事会是人体的免疫系统。治理机制就像人体的神经系统，决策机制、激励机制、监督机制等都能对人体机能产生重要影响。治理规则类似于对人的道德约束，以规章制度的形式存在。②这三者有机结合，并对政府、社区、债权人等利益相关者预期做出反应，并协调它们之间利益关系的目标。③这些公司法人治理的探索和实践为公共文化机构法人治理结构建设提供了有益参考。

三、公共文化机构法人治理

发达国家和地区公益性文化机构普遍建立了法人治理结构。例如，早在1848年，美国马萨诸塞州图书馆就成立了理事会，负责管理图书馆事务。1963年，大英博物馆理事会的权利被《大英博物馆法》确认，开创了博物馆理事会制度的先河。

（一）公共文化机构法人

本书所研究的公共文化机构均属于民法上的事业单位法人，相对企业法人而言，事业单位是中国特有的概念。2021年1月1日起施行的《中华人民共和国民法典》第八十七条、八十八条规定，事业单位法人属于非营利法人的一种，具备法人条件，为适应经济社会发展需要，提供公益服务设立的事业单位，经依法登记成立，取得事业单位法人资格；依法不需要办理法人登记的，从成立之日起，具有事业单位法人资格。对事业单位法人、企业法人、社会团体法人的异同进行比较，可以看出公共文化机构在性质定位上的独特之处（见表1-1）。

---

① 曹巍.公司法人治理结构研究［M］.北京：知识产权出版社，2010：1-20.

② 左然.构建中国特色的现代事业制度：论事业单位改革方向、目标模式及路径选择［J］.中国行政管理，2009（1）：11-14.

③ BLAIR M M. Ownership and control: rethinking corporate governance for the twenty-first century［M］. Washington, D. C.: Brookings Institution Press, 1995: 2-15.

表 1-1 事业单位法人、企业法人、社会团体法人的区别[①]

法律性质	事业单位法人	企业法人	社会团体法人
授权法律	《事业单位登记管理暂行条例》等	《中华人民共和国公司法》《中华人民共和国公司登记管理条例》等	《社会团体登记管理条例》等
职能任务	政府任务之移转（委办）	国家不加干预或限制，遵循"自有设立"主义，公司的设立及运营完全听凭当事人的自由，以营利为目的	承担社会服务职能，不以营利为目的
决策权力	政府主管部门	董事会/股东会	会员大会
人事自主权	依据《事业单位人事管理条例》等人事法规聘用（事业单位编制）	自定人事规章，依据专业聘用	自定人事规章，依据专业聘用
财务自主权	每年按照财政部门规定的要求编制年度预算，经主管部门审核汇总后报财政部门（一级预算单位直接报送财政部门）	拟具财务规划书向董事会、股东会报告	拟具财务规划书向理事会报告
监察审计	每年编制会计决算报告送监察机关审计	拟定内审制度，设立内审部门	拟定内审制度，接受形式上的"主管部门"和社团管理机关的监督管理

（二）公共文化机构法人治理

公共文化机构法人治理与公司企业法人治理原理相通，形式相近，组织结构方面都包括以理事会为代表的决策层、执行层和监管层，都要在运行和管理中实现章程化。但是，公共文化机构法人治理与公司企业法人治理最大

---

① 林梦笑.法定机构机制在图书馆治理中的运用：以新加坡国家图书馆管理局为例[J].公共图书馆，2016（3）：12-18.

不同在于公司企业法人治理的根本目标是实现利润最大化，而公共文化机构法人治理更强调满足人民群众的基本文化需求，在管理方面更追求利益相关方的多元共治。根据中宣部、文化部等七部门联合印发的《关于深入推进公共文化机构法人治理结构改革的实施方案》（2017），我国公共文化机构法人治理的主要核心要素包括以下三个：

1.治理结构和权责关系

目前公共文化机构法人治理结构以理事会为主要形式，理事会是公共文化机构的决策机构，成员由政府有关部门、公共文化机构、服务对象和其他有关方面代表构成，本单位以外人员担任的理事要占多数。公共文化机构管理层负责执行理事会决策，管理层由公共文化机构行政负责人及其他主要管理人员组成。

相关行政主管部门作为举办单位，负责对公共文化机构和理事会建设进行监督指导、绩效考核。理事会负责本单位发展规划、财务预决算、重大业务、章程拟定和修订等决策事项，按照有关规定履行人事管理和监督职责。管理层按照理事会决议自主履行日常业务管理、财务资产管理、一般工作人员管理等职责。

举办单位加强对公共文化机构党建工作的领导，落实意识形态工作责任制，完善"双向进入、交叉任职"的配备方式。凡涉及公共文化机构改革发展稳定和事关职工群众切身利益的重大决策、重要人事任免、重大项目安排、大额度资金使用等事项，党组织必须参与讨论研究，理事会做出决定前，应征得党组织同意。

2.机构章程制定

国家文化和旅游部、国家文物局、中国科学技术学会会同中央机构编制委员会办公室、国家人力资源和社会保障部等部门和单位制定本系统公共文化机构的章程范本。各公共文化机构依照章程范本，结合实际起草本单位章程，章程草案由理事会审议通过，经举办单位同意后报登记管理机关备案。

3.管理运行机制

公共文化机构的举办单位指导组建理事会和管理层，按章程规定对理事会重大决策进行审查，对理事会及理事进行监督和评价。理事会严格实行集体审议、独立表决、个人负责的决策制度，依法依章程行使决策权和监督权，对举办单位负责。管理层对理事会负责，定期向理事会报告工作。公共文化机构根据国家有关政策法规，配套建立年度报告、信息公开、绩效评估、责任追究等制度。

根据上述公共文化机构法人治理的特点，笔者认为，公共文化机构法人治理是指公共图书馆、群众文艺机构、公共博物馆等提供公共文化服务的事业单位，以保障公众基本文化权益为目标，以明确文化事业单位的自主权，激发文化事业单位的活力为目的，由政府指导，公共文化机构搭建平台，使各利益相关方参与到共同治理的过程中的组织架构设计和运行机制安排（见图1-2）。

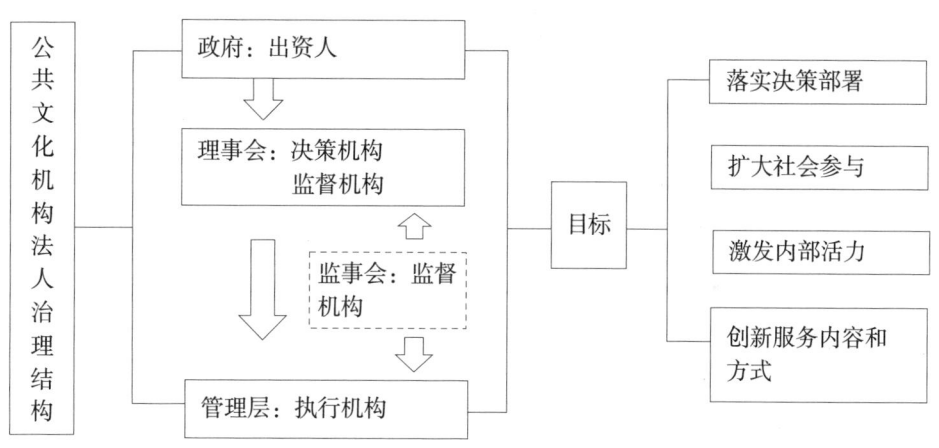

图1-2 公共文化机构法人治理结构

第二节 公共文化机构法人治理理论基础

法人治理作为西方公司解决股东与管理者之间委托代理利益冲突的制度设计，在组织结构、权责关系、法治保障等方面积累了大量研究成果，形成了经济学与管理学领域的公司治理相关研究路径。同时，从世界范围看，公共文化机构治理经过了从公司法人治理到公共文化机构治理的形式演变。因为公共文化产品担负着全体公民对社会文明成果共享理念的使命[1]，以及自身包含的天然的意识形态因子，而且涉及行政、公共管理等诸多方面，一般都是由国家和政府机构主导。因此，国内外学者从行政管理理论、治理理论等角度做了大量深入研究，形成政治学领域与公共管理学领域的治理相关研究路径。这两条研究路径对公共文化机构法人治理理论与实践发展产生了深远影响。

一、经济学与管理学领域的公司治理相关理论

法人治理首先是一种治理。治理的概念来源于西方，根据世界银行的看法，"治理"一词原指国家在追求自身发展过程中运用权力对经济与社会资源进行管理的方式。[2]在《没有政府的治理》与《21世纪的治理》中，罗西瑙对"治理"一词的内涵进行了拓展，将政府机制，非正式、非政府的机制，全部囊括其中。[3]斯托克认为，"治理"最终会使参与者连接形成网络，这个网络在部分特定的领域中可以发号施令，并借此与政府在这一领域中进行合作，进而承担相应的行政管理职能。[4]通过对"治理"的研究，威廉姆森于1979年提出"公司治理"[5]的概念，后经学者研究拓展，逐渐形成了"委托代理""利益相关者"等著名理论。

（一）委托代理理论

委托代理理论是制度经济学契约理论的主要内容之一，主要研究的委托

---

[1] 王鹤云.我国公共文化服务政策研究［D］.北京：中国艺术研究院，2014.
[2] WORLD BANK. Governance and development［R］. Washington, D. C.: World Bank, 1992: 8.
[3] 罗西瑙.没有政府的治理［M］.张胜军，刘小林，等译.南昌：江西人民出版社，2001: 5.
[4] 斯托克.作为理论的治理：五个论点［J］.华夏风，译.国际社会科学杂志（中文版），1999(1)：19-30.
[5] WILLIAMSON O E. On the governance of the modern corporation［J］. Hofstra law review, 1979(8): 63-78.

第一章　公共文化机构法人治理：概念、理论沿革与域外实践

代理关系是指一方或多方作为委托人授予另一方代理人一定的决策权力，指定其代为履行一定的义务和责任，后者根据协定内容和契约精神按照一定标准行使决策权力，而两方是均须在契约规定的框架下活动的关系。

1776年，亚当·斯密在其著作《国民财富的性质和原因的研究》(简称《国富论》)中指出："在财务问题上，股份公司的董事与私人合伙公司员工的不同在于，前者是从利人的角度出发，而后者则是以利己为核心。"[1]这种观点已经涉及经营者与所有者代理冲突的问题，但是这一阶段的理论研究突出强调的是对股东的利益保护。20世纪20年代以前，企业所有者与经营者通常是合一的，所有者利益与经营者利益完全一致或基本一致，不会产生分歧，即便后来股份制企业出现，因为所有者一般掌握着控股权，企业追求利润最大化的目标依然可以顺利实施。因此，这一时期代理的缺陷问题并不突出，没有引起人们普遍关注。

随着公司形式不断发展，代理缺陷越发突出。伯利和米恩斯在《现代公司与私有财产》(1932)中提出了"经营者控制"[2]的概念，即所有权和控制权的持续分离可能会出现管理者侵犯公司利益的情况。20世纪60年代，美国经营者支配公司的资产占200家非金融企业总资产的85%[3]，经营管理者偏离所有者目标的现象越来越被关注。詹森、麦克林、墨菲等学者认为应该通过降低代理成本来实现资本所有者利益最大化。[4]

这种由代理引发的问题也体现在公共文化机构的法人治理过程。公共文化机构的法人治理结构来源于公司企业的法人治理结构，两者原理相通，形式相近。根据委托代理理论，实行法人治理制度的公共文化机构实际形成三

---

[1] 斯密.国民财富的性质和原因的研究：下卷[M].郭大力，土业南，译.北京：商务印书馆，1974：303.

[2] 伯利，米恩斯.现代公司与私有财产[M].甘华鸣，罗锐韧，蔡如海，译.北京：商务印书馆，2005.

[3] 云冠平，朱义坤，徐林发.经营者支配公司之成因[J].经济学动态，1998(5)：74-76.

[4] JENSEN M C, MECKLING W H. Theory of the firm: managerial behavior, agency costs and ownership structure[J]. Journal of financial economics, 1976, 3(4): 305-360.

个层次的委托代理关系：一是出资人将管理权力委托给公共文化机构，二是公共文化机构将管理权力委托给理事会，三是公共文化机构理事会将管理权力委托给执行层。由于出资人、决策层和执行层三者之间利益目标并不能完全达成一致，加上受信息不对称因素的影响，以及公共文化机构需要担负公益服务的目标，如何建立规范有效的制度架构，激励约束代理人，成为公共文化机构法人治理需要解决的问题。

（二）利益相关者理论

进入20世纪90年代，研究风向开始从股东利益保护转向利益相关者的权益保障。布莱尔于1995年提出了"利益相关者"理论，即公司既需要满足股东的利益，还需要对经理、雇员、政府等其他利益相关者的期望进行回应，并协调他们之间的利益关系。[①]布莱尔认为，公司运作中所有不同的权利和责任应该被分解到所有的公司参与者身上，并根据这些来分析公司应该确立什么目标，公司运行应该由谁控制，以及控制者应该拥有哪些权利、责任和义务，而谁又应该在公司中得到剩余收益并承担剩余风险。

近年来，随着利益相关者理论研究不断深入，利益相关者范围也在扩大，并且按照相关性划分为一级利益相关者和二级利益相关者。[②]利益相关者理论认为，从道德层面出发，应当吸收利益相关者的代表参与公司的控制和公司的决策，即通过利益相关者共同治理，使公司战略反映各方利益相关者的利益（见图1-3）。

结合利益相关者理论，公共文化机构的利益相关者主要应该包括政府部门、理事会、内部工作人员、媒体、社会公众等。其中，公共文化机构与政府应该是一种契约关系，保证其提供的资源主要用于公益，理事会专注于重大事项决策，工作人员依规履职并取得相应报酬，媒体、社会公众则通过报道、回馈、参与等形式对公共文化机构运营产生影响。

---

① BLAIR M M. Ownership and control: rethinking corporate governance for the twenty-first century[M]. Washington, D. C.: Brookings Institution Press, 1995: 2-15.

② CLARKSON M B E. A stakeholder framework for analyzing and evaluating corporate social performance[J]. Academy of management review, 1995(1): 106-107.

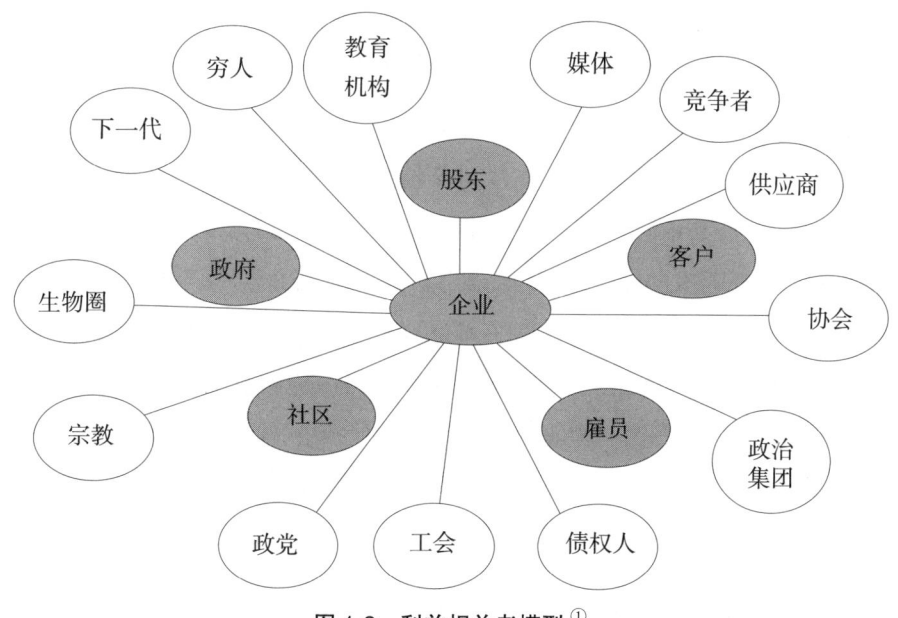

图 1-3 利益相关者模型①

二、政治学与公共管理学领域的治理相关理论

随着西方各国兴起新公共管理运动,政府在文化管理方面的责任不断被学者探讨。进入 20 世纪 90 年代后期,相关公司治理的理念开始向非营利组织法人治理延伸。受这些因素影响,公共文化机构治理经过了从公司法人治理到公共文化机构治理的形式演变。

(一)传统公共行政理论

公共文化机构的管理从传统上看本质上是行政管理的一种。自 1887 年美国行政学家伍德罗·威尔逊的《行政学之研究》伊始,行政管理学逐渐变为系统的学科,经过几次研究范式的完善后,学科体系不断扩大。

传统公共行政理论以马克斯·韦伯的官僚科层制理论为代表。韦伯认为,官僚制是"效率、理性、秩序和专业化"的化身。②"集权体制的行政

---

① 斯蒂纳 G A,斯蒂纳 J F. 企业、政府与社会[M].张志强,王春香,译.北京:华夏出版社,2002:14.
② 奥斯本,盖布勒.改革政府:企业精神如何改革着公营部门[M].上海市政协编译组,东方编译所,编译.上海:上海译文出版社,1996.

管理，比起所有合议的或者其他形式，能达到最佳的效果。"①本尼斯继承了韦伯的观点，提出官僚制否定了产业革命初期个人专制、主观武断、裙带关系的管理方式②，举起了理性和逻辑的大旗。传统公共行政制度化的特征否定了个人专制的传统，是一种契约精神的体现，同时也适应了公共文化机构行政日益复杂化的趋势，影响了公共文化机构治理的方方面面。伍德罗·威尔逊的政治与行政两分法指出，行政应当在政治的适当范围之外，行政问题不是政治问题，虽然政治为行政确定任务，但政治不能去操纵行政。③这种两分法的视角对研究思考公共文化机构治理与政府相关部门的关系也提供了一种思路。这种理论对公共文化领域的影响主要表现在，政府可以集中力量，在较短的时间内将资源用于文化事业的发展，能够迅速满足公共基本文化需求，但也导致人民群众主体作用、市场机制作用被抑制等一系列问题。

（二）新公共管理理论

继传统公共行政理论之后，"管理主义"的一些理念被一些学者提出，主要用来解决传统公共管理体制僵化的问题。④"管理主义"主要崇尚私营机构的管理理念和方式，提倡放松规制、分权等组织原则。这种理论逐渐扩大影响，随着管理理论的扩展和成熟，逐渐形成统一的"新公共管理"理论体系，在当时西方行政改革中发挥了重要作用。20世纪80年代，这种理论的发展逐渐在当代公共行政理论与实践中占据主导范式的地位。新公共管理倡导一种"以市场为基础的、灵活的、提供回应性服务的企业化政府管理方式"⑤。这种方式是一种自下而上地对科层制官僚体制的一种修正，致力于用企业式的管理替代行政。新公共管理理论认为，公共部门和私人部门之间没有本质上的

---

① 韦伯.经济与社会：下卷[M].林荣远，译.北京：商务印书馆，1997：296.
② 本尼斯.组织发展与官僚制的命运[M]//孙耀君.西方管理学名著提要.南昌：江西人民出版社，1992：279.
③ 威尔逊.行政学之研究[J].李方，译.国外政治学，1987（6）：32.
④ 国家行政学院国际合作交流部.西方国家行政改革述评[M].北京：国家行政学院出版社，1998：142.
⑤ HUGHES O E. Public management and administration: an introduction[M]. London: Macmillan Press Ltd, 1998: 22-51.

区别。新公共管理理论从交易成本理论的成本——收益分析中获得对政府绩效目标进行界定、测量和评估的依据，从公共选择和交易成本理论得到启发，提出市场化和顾客为导向的要求，并且从"理性经济人"假定中思考如何进行绩效管理、战略管理、目标管理等。这些理论都以不同形式被引入公共部门的管理之中，对包括公共文化机构在内的公共组织管理实践和改善公共组织绩效产生了深刻影响。

英国公共管理学家胡德教授总结了在公共部门中实施专业化管理、确立明确的绩效测量目标、结果重于过程、破除公共部门中的本位主义、在公共部门中引入竞争、借鉴私营部门管理方法、对资源的有效利用[1]等7个新公共管理的特质。公共管理人员专业化和市场化[2]（竞争及市场效率观念）的观点也被新公共管理倡导者普遍认可。植根于对市场作用的崇拜，新公共管理理论者认为，私营部门的管理理念和方式相比当前的公共管理方式更具适用性。[3]奥斯本和盖布勒的《改革政府》一书将这些理念提炼总结，形成了企业家政府理论，主要观点是在公共决策中政府角色必不可少，但是要从根本上提高政府的工作效率，就必须改革政府的不良体制。新公共管理理论对于国外公共文化机构法人治理实践产生了很深的影响，其所倡导的职业化管理、竞争、节约、效率等理念在很多公共文化机构中都得到了不同程度的体现。

（三）新公共服务理论

新公共管理理论在西方公共管理领域中占主流地位，但这些理论并非完美无瑕。和大多数理论一样，新公共管理理论的提出和发展也伴随着很多质疑。这些质疑的观点主要包含新公共管理逃避了政府责任、忽视了公共部门与私人部门的差别、无法解决顾客寻求资源的能力不一致等问题，特别是其

---

[1] HOOD C. A public management for all seasons? [J]. Public administration, 1991, 69(1): 3-19.

[2] LIGHT P C. The tides of reform: making government work, 1945-1995 [J]. Political science quarterly, 1998, 113(4): 726-727.

[3] PETERS B G. The future of governing: four emerging models [M]. Lawrence: University Press of Kansas, 1996: 28.

对公平、民主等价值的忽视招致一些学者的质疑和批评。①在这种背景下，以罗伯特·B.登哈特和珍妮特·V.登哈特为代表的学者尝试将这种零散模糊的批判观点以系统的理论化表述呈现出来，逐步形成了新公共服务理论构想。

登哈特夫妇的新公共服务理论从社区与公民社会的理论、民主公民权理论、后现代公共行政、组织人本主义、新公共行政等理论中汲取养分，形成七大原则：政府的职能是服务，而不是掌舵；公共利益是目标，而非副产品；思想上要有战略性，行动上要有民主性；服务于公民，而不是服务于顾客；责任并不简单；重视人，而不仅仅是生产率；公民权胜过企业家精神。②从理论内容来看，新公共服务理论并非追求颠覆性改变，而是强调以公民为中心的前提下对前人理论的批判继承。

新公共服务理论认为，公共服务的需求和现实责任问题其实非常复杂。对于推动公共治理来说，需要正视这一过程中对宪法法律、社区价值观、政治规范、职业标准、公民利益等复杂因素的综合影响，并且应该对这些复杂因素负责。

新公共服务理论对公民权利倍加重视，认为治理制度中的民主价值应被置于效率、生产力等价值观之上。由于现实社会中存在公民寻求公共资源能力不一的情况，企业可以针对此提供差别服务，但是公共部门却不能对公民区别对待，向他们提供不同的服务。政府必须主动作为，了解公民正在关心什么，从而为公众营造一个诚信而没有限制的对话环境，公民最终通过深度参与实现自身的权利。

相比"一臂之距"模式下的政府角色，新公共服务理论下的政府角色更加主动，是基于政府角色否定之否定之后的再认识。正如特里·库珀所阐述的："公共行政官员应该在道义上承担起鼓励公民参与计划和提供公共物品与公共服务过程的责任。尽管参与对于行政官员可能会或者不会有用或令其满

---

① TERRY L D. Why we should abandon the misconceived quest to reconcile public entrepreneurship with democracy: a response to Bellone and Goerl's "Reconciling public entrepreneurship and democracy"[J]. Public administration review, 1993, 53(4): 393-395.

② 登哈特 J V，登哈特 R B.新公共服务：服务，而不是掌舵[M].丁煌，译.北京：中国人民大学出版社，2016：5-8.

意,但是它对于创建和维持一个自我治理的政治社区却是必要的。"①正是这种与公众的互动和接触才使公共服务有了目标和意义。总体来看,新公共服务理论对新公共管理理论中的一些重要价值进行了充分继承,而又试图将其置于民主价值和公共利益的讨论框架之中。从理论视角来看,它本质上是对新公共管理理论的一种扬弃,是在西方市场主义内核中加入政府要素。

以这种理论视角看待公共文化机构法人治理,政府与公共文化机构就应该承担起大众参与公共文化服务计划和提供公共文化服务过程的责任。政府应与公共文化机构一道探索,成为公众可以充分对话的平台,在此基础上,促成符合各方利益的社会共同价值观念,并确保这些社会共同的价值观念以公平公正的方式得以实施。在这种社会环境下,共同利益可能随着社会环境发展而发生变化,但是只要这种沟通平台能够保持长久生命力,公众强烈的参与意愿就不会消失。

第三节 国外公共文化机构法人治理实践

国外公共文化机构法人治理是以市场为原始逻辑逐步演化和完善的,首先是公司治理理念向非营利性组织延伸,然后逐渐延伸至包括公共文化机构在内的公共机构。公共文化机构理事会的结构和程序不断制度化和专业化的过程也是对公司治理理论的吸收过程。在这种发展背景下,国外公共文化机构法人治理是一种非营利治理模式,但也在运营过程中处处体现出市场化运作的内核,逐渐成为发达国家或地区公共文化机构治理的普遍做法,历经数十年实践,积累了大量经验。

美国公共图书馆理事会制度肇始于1848年②,之后从联邦政府扩展到州、县、自治市,全国有95%的图书馆实行理事会制度,其中具有国家级图书馆

---

① 登哈特 J V,登哈特 R B.新公共服务:服务,而不是掌舵[M].丁煌,译.北京:中国人民大学出版社,2016:127-136.

② 冯佳.美国公共图书馆理事制度研究:以纽约州为例[J].图书情报工作,2014,58(16):57-61.

理事会地位的机构是1970年设立的国家图书馆和信息科学委员会。

1963年，英国通过《大英博物馆法》赋予理事会管理大英博物馆的权力。1973年，大英图书馆成立之初也随即按照《大英图书馆法》的规定，组建了理事会，任命规则也明确在法律条文中。

2006年，韩国修订《图书馆法》，对构建国家及地方各级图书馆理事会体系做出规定。该法律规定，国家层面设立隶属于总统的图书馆政策制定和审议机构——图书馆信息政策委员会，市、道等地方亦应设立本级图书馆信息服务委员会，而所有的公共图书馆都必须设立图书馆运营委员会，以利于图书馆有效运营和加强与其他文化设施之间的合作。

一、理事会人员的产生与构成

国外公共文化机构理事会一般由政府代表、社会各界代表人士等共同组成，理事会成员主要采用选任制或委任制产生。组建理事会时，根据当地人文特点考虑种族、年龄、职业等因素。例如，美国国家图书馆和信息科学委员会由16名委员组成，其中博物馆与图书馆服务研究院（IMLS）院长和国会图书馆馆长为当然委员，但是没有投票权；另外14人由参议院推荐和批准，然后由总统任命，任期5年；委员来自杂志编辑、房地产经纪人、历史学家、演员、律师等各界知名人士。英国国家图书馆理事会成员有12名，除1名理事由女王任命外，其他包括理事长在内的成员均由文化、传媒和体育部大臣任命。新加坡国家图书馆理事会没有固定代表人数，法律规定不少于10名、不超过20名，皆由新闻艺术部部长任命。韩国图书馆信息政策委员会由30人组成，其中委员长1人，由总统在委员中推荐，副委员长1人，由文化观光部部长担任，委员由总统令规定的有关中央行政机关的负责人及符合有关标准的机关负责人和由委员长推荐的具有图书馆专业知识及相关经验的人士担任，初聘委员则由副委员长直接推荐。澳大利亚国家图书馆理事会由12名成员组成，包括国家图书馆馆长、参众两院分别选任的1名参议员和1名众议员，以及9名由总督任命的关心图书馆事业发展并具有相关知识和经验的各界代表人士。

二、理事会职能

明确的权责关系可以保证政府和公共文化机构各司其职,从而最大限度发挥公共文化机构的作用。国外公共文化机构理事会的职权一般包括机构的总体发展战略、中长期规划和制度标准制定、业务发展、人事考核及职员薪酬分配方案、财政审计监督、公共文化服务考核等。例如,美国联邦一级的全国图书馆和信息科学委员会的职权主要包括建议总统与国会执行适宜的国家政策;研究、调查、分析公众对图书馆和信息的需求及通过各类型图书馆服务满足这些需求的途径;对图书馆信息资源与服务是否充足及实施效果进行评估;制订总体计划来满足公众对图书馆与信息的需求,并协调联邦与各地方相关行为;向联邦和各地方政府及私人机构就图书馆与信息科学规划提出建议;促进信息研究与开发活动,以扩展与改善全国图书馆和通信网络有效连接,提高信息处理能力;向总统及国会提交年度报告;编撰出版其他工作报告;听取社会各界的意见、建议;等等。州一级图书馆理事会的职权相对来说比较具体。例如,纽约州图书馆理事会的主要职责是制定图书馆政策,计划和评估图书馆服务、设施,管理图书馆公共关系,制定人事、财政和预算政策,管理图书馆基金会等。伯克利市公共图书馆理事会的职能包括财政、政策、管理层聘用等方面。[①] 韩国全国性的图书馆信息政策委员会的职权由《图书馆法》规定,具体包括制定图书馆发展综合规划,制定、审议有关规章制度,协调国家与地方图书馆运营体系之间的关系,制定、审议图书馆运营评估标准,制定、审议有关图书馆资源利用政策,制定、审议有关图书馆专业人才培养政策等。

三、理事会决策机制

国外公共文化机构理事会一个突出特点就是其决策独立性。在英国,各级地方政府的权力均由法律规定,而地方政府之间则是伙伴关系而不存在隶属关系;同时,上级地方政府对于下级地方政府也没有理所当然的监督权

---

① 杜伟伟.公益性文化事业单位法人治理改革研究[D].济南:山东大学,2017.

力。这种权利分配方式也影响到了公共文化机构。例如，文化、媒体和体育部基于"一臂之距"原则支持公共文化机构的工作，公共文化机构在法律框架下享有较自主的决策权。新加坡国家图书馆管理局（NLB，National Library Board）在运行上较少受政府的影响，但是为了在事务执行上能与政府决策保持一致，也必须接受政府领导，只不过这种决策往往是宏观的，政府不直接对NLB的具体工作进行干涉。鉴于新加坡法定机构的特殊性，包括NLB在内的法定机构主要领导人非因法定原因不能随意辞退，这也很大程度上保证了理事会在提供公共服务上的自主性。[①]

同时，这种决策独立性必须以决策的科学专业为前提。国外公共文化机构在推选理事的时候，会非常注重理事的综合素质和社会影响力。例如，大英图书馆理事会理事的产生遵照《部长任命公共机构人员程序准则》执行。一般情况下，这些理事拥有较高层次综合素养和专业知识，并且当选后必须参加入职培训。

在成熟的理事会制度及支撑体系下，国外公共文化机构形成了一整套有效的运行机制。例如，美国弗吉尼亚州公共图书馆就规定了理事会会议召开的时间、频次、条件等。为了吸收更多公众积极参加议事，图书馆规定理事会召开前，要通过媒体对外公布信息，告知会议时间、地点和内容。在对理事会进行监督方面，弗吉尼亚州公共图书馆对理事评估做出了明确具体的规定，包括接受成为合格理事方面的教育和培训，了解理事会的整体工作，出席90%以上的会议，正确参与决策，定期总结工作，理事会采用公开机制，等等。新加坡国家图书馆管理局由执行董事会负责图书馆日常运作，总裁对董事会负责，全面管理NLB的运营事务。图书馆管理团队还会定期审查和修改其愿景、使命及核心价值。在确定和实施中短期计划中，新加坡国家图书馆管理局会有具体的绩效考核，并且每半年会对考核指标进行检讨。[②]

---

① 林梦笑.法定机构机制在图书馆治理中的运用：以新加坡国家图书馆管理局为例[J].公共图书馆，2016（3）：12-18.

② 林梦笑.法定机构机制在图书馆治理中的运用：以新加坡国家图书馆管理局为例[J].公共图书馆，2016（3）：12-18.

四、资金获取渠道

国外公共文化机构的资金大部分来自财政预算，但是具体的资金分配则由公共文化机构理事会决定。例如，英国政府传统上是根据"一臂之距"原则为公共文化机构提供资金，政府设定了一个总的资助数额，但不干预它的分配。具体的分配问题由文化委员会负责，文化委员会通过立法或皇家宪章建立，充当的是中介机构。以大英图书馆为例，其筹集资金的方式除了政府拨款，还有服务收费、投资收益、社会捐赠等渠道。当然，这种融资有着严格的限制，需要经过多种方式接受公众监督。

美国公共文化机构的筹资渠道也很多元化，既有政府和基金会的资金扶持，也包括纳税人的税收收入，社会募捐、慈善捐款等也占据很大份额。这种灵活的筹资方式最大限度吸收了社会力量。

一些国家给文化机构提供资金支持，如韩国设立了文艺振兴基金、文化产业振兴基金、电影振兴基金等。在韩国，以动员社会资金为主，官民共同合作的投融资"文化产业专门投资组合"运作方式取得很大成功。

五、法律保障体系

国外公共文化机构理事会能够平稳有效运行的前提是其健全的法律保障体系。这些法律制度保障从宏观到微观，从地位赋权到规章制度，使理事会的工作有章可循、有法可依。

国外公共文化机构理事会的职责都有细化的规定，从而其职能行使受到法律保护。大英博物馆理事会在1963年成立之初就由《大英博物馆法》授权。美国马萨诸塞州公共图书馆理事会是通过马萨诸塞州议会法案设立的。新加坡国家图书馆管理局作为法定机构，其成立更是依托于立法，《国家图书馆管理局法》（National Library Board Act）对NLB的成立、运作、资金、人事等方面进行了规定和保障；韩国的《图书馆法》第十二条从法律上为设立国家级图书馆理事会提供了依据。

国外理事会成员的选任标准和程序也由法律法规明确。例如，在美国，

《马萨诸塞州公共图书馆理事会指南》就对图书馆理事会成员设定了热爱图书馆事业、拥有商业管理和财务管理经验、拥有社区知识、拥有法律知识等条件；《弗吉尼亚州图书馆法》则明确了图书馆理事会的组成人数、任免程序、监督流程等。新加坡的《国家图书馆管理局法》对此规定得更为详细。

这种在法律框架下的运作模式，最大限度地免除了市场影响和政治干预，保障了公共利益目标的实现。

第二章　我国公共文化机构法人治理的引入：历史、动因与现状

第一节　我国公共文化机构治理模式历史追溯

一、清末民国时期：近代法人治理制度草创

清末民初，现代意义上的博物馆和图书馆开始出现，受"西学中用"理念影响，这些图书馆和博物馆借鉴欧美国家的管理方式，开始形成法人治理结构的雏形。

1925年，按照清室善后委员会会议制定的《故宫博物院临时组织大纲》，故宫博物院共遴选21名董事和9名理事负责博物院的管理。[①]董事会负责决策监督，理事会负责博物院的日常管理。从职能来看，当时的董事会履行的职责应该是对应现代法人治理结构中的理事会，而其理事会其实是管理层的角色。这些董事会和理事会成员由当时的社会名流组成，可以最大限度上获得各方支持。例如，董事会成员包括蔡元培、范源濂、胡若愚、熊希龄、于右任、张学良等人，理事会中陈垣、黄郛、马衡等也是当时的知名人士。1928年，故宫博物院出台《故宫博物院组织法》《故宫博物院理事会条例》，以法律形式将理事会治理方式固定了下来。

[①] 战恒彬.北京故宫博物院法人治理结构研究［D］.北京：首都经济贸易大学，2017.

二、中华人民共和国成立：计划经济政事一体化管理模式

中华人民共和国成立后，我国的事业单位管理模式是政事一体化的管理模式。这一时期，文化馆担负了一部分文化局的行政职能，而以公共图书馆和公共博物馆为代表的公共文化机构则形成了党与主管部门双重领导下的馆（院）长负责制，在内部组织架构方面比照行政机关建立起科层制的组织架构。

以国家图书馆为例，其内部组织架构及运行模式仿效行政机关科层体制。以馆长为中心，设立办公室、人事处、财务处、社会教育部（中国记忆项目中心、国家图书馆培训中心）、展览部、中国图书馆学会秘书处、中国古籍保护协会秘书处等部处，负责日常运营。各处室按照自身职能下设若干科室，如社会教育部下设中国记忆组、讲座组、教育培训组、摄编组、阅读推广组等科组，展览部下设综合协调组、展览策划组、设计制作组、讲解服务组、保管组、文创开发组等科组。

故宫博物院也建立了类似的组织架构，以院长为核心，设院办公室、人事处、预算处、事业发展部、文物管理处等30余个部处。各部处根据自身职能需要下设若干个科室，如文物管理处下设文物管理科、文物数据科、业务协调科、文物征集科等科室，形成一套行政化的组织架构体系。

这种管理模式适应了我国当时的发展水平和制度环境，在一穷二白的基础上迅速建立起完整的公共文化服务体系，满足了民众的基本文化需求。但随着社会发展，民众文化需求水平提高，这种管理模式越来越无法满足民众的文化需求，并且计划经济体制固有的管办不分、效能不高、活力不足、监督机制不健全等现实困境日益凸显。

三、20世纪90年代以来：事业单位法人治理分类改革

随着我国向社会主义市场经济转轨，法人治理开始进入改革视野。1986年颁布的《中华人民共和国民法通则》对法人做了专章规定，成为事业单位

法人治理的动因。1992年,在《中国教育改革和发展纲要》的起草和修订过程中,高等学校确立了学校法人的概念。由于高校法人地位在当时还是一个新问题,围绕高校法人地位如何确立,法人地位与高校办学自主权的关系,研究者对学校法人治理问题进行了理论初探。科技领域也先于公共文化机构进行了法人治理的探索。公共文化机构法人治理改革紧随其后,可以将其划分为三个阶段。

(一)公益事业单位开展先期法人治理结构试点阶段

2007年,上海、浙江、广东、山西、重庆等省市作为试点省市开始率先探索公益事业单位法人治理结构改革,这一阶段的改革由国家事业单位登记管理局和中央机构编制委员会办公室主导。一部分图书馆,如深圳图书馆、重庆图书馆被列入当地试点。在《中共中央 国务院关于分类推进事业单位改革的指导意见》(2011)、《关于建立和完善事业单位法人治理结构的意见》(2011)、《中央机构编制委员会办公室关于印发〈事业单位章程示范文本〉的通知》(2012)等政策文件推动下[①],公益事业单位改革加速推进。

党的十八届三中全会通过的《中共中央关于全面深化改革若干重大问题的决定》提出,推动公共图书馆、博物馆、文化馆、科技馆等组建理事会,吸纳有关方面代表、专业人士、各界群众参与管理。党的十八届五中全会进一步提出完善公共文化服务体系、保障人民群众基本文化权益,公共文化机构建立法人治理结构、实行理事会制度被纳为构建现代公共文化服务体系的重要一环,公共文化机构法人治理改革的进程进一步加快。

从这一阶段发展来看,包括重庆图书馆、深圳图书馆、山西省图书馆等在内的公共文化机构探索法人治理主要是在上层政策推动下的自主探索,法人治理结构初现雏形,理事会的定位仍然以咨询类为主。

江苏、广东等经济发达省份是这一阶段探索公共文化机构法人治理的排头兵。2009年,无锡市图书馆成立了咨询性质的理事会,迈出了探索性的一步。深圳市首先从地方法规的层面推动公共图书馆理事会制度。2007年,深

---

① 李松武.认真制定执行事业单位章程 推进事业单位法人治理结构建设[J].中国机构改革与管理,2013(Z1):97.

圳市颁布《关于印发事业单位体制机制改革创新七项专项改革方案的通知》，指导深圳图书馆等3座公共图书馆组建理事会的工作。同年，深圳市又发布了《建立和完善事业单位法人治理结构实施意见》，对理事会的产生、决策机制、基本职能、理事的权利义务等做出了明确规定。2010年12月，深圳图书馆成立了首届定位为议事和决策机构的理事会。

（二）首批国家公共文化机构法人治理结构试点阶段

2014年年初，公共图书馆等组建理事会试点被中央文化体制改革和发展工作领导小组列入2014年推进的改革试点任务。2014年7月，文化部发布了《文化部办公厅关于开展公共文化服务标准化等试点工作的通知》，其中的公共文化机构法人治理结构试点工作方案包括试点主体、试点程序、试点内容等。同年9月，经国家公共文化服务标准化工作专家组评审，《文化部办公厅关于公布国家公共文化服务标准化试点地区等名单的通知》公布了重庆图书馆、广东省博物馆、山东省济南市群众艺术馆等10家国家公共文化机构法人治理结构试点单位名单，正式部署了在全国开展公共文化机构法人治理结构试点工作。

经过两年时间，这项试点工作探索不同类型、不同层级的公共文化机构和法人治理结构的经验。在此基础上，文化部加强了法人治理结构的政策研究，力图通过制度设计，形成推动全国公共文化机构法人治理结构建设的政策性文件。在试点工作开展期间，中共中央办公厅、国务院办公厅印发《关于加快构建现代公共文化服务体系的意见》，进一步对公共文化机构法人治理提供了政策支持。2016年，公共文化机构法人治理被上升到了法律高度。《中华人民共和国公共文化服务保障法》第二十四条首次从法律层面确定了未来公共文化机构法人治理结构改革的趋势。

这一时期的公共文化机构法人治理改革主要由文化行政部门主导，是对上一阶段法人治理探索的进一步推动。例如，深圳福田区图书馆先是被广东省文化厅确定为广东省公共文化法人治理结构改革试点单位，后被文化部确定为国家公共文化机构法人治理结构试点单位。2014年，温州市图书馆先是被浙江省文化厅确定为"事业单位法人治理结构改革"试点单位。在此基础上，温州市图书馆入选首批国家公共文化机构法人治理结构试点名单。

(三) 各部委联合推动深化改革阶段

2017年9月，中宣部、文化部等七部门联合印发《关于深入推进公共文化机构法人治理结构改革的实施方案》，部署推动在公共文化机构建立以理事会为主要形式的法人治理结构，标志着我国公共文化体系机制的改革进一步深化。该方案从时间节点、区域范围、架构形式、职能定位等方面推进公共文化机构法人治理进一步落地。此外，该方案还提出将把法人治理结构建设纳入公共文化机构运行评估和绩效考评体系。

这一阶段的改革将向深水区挺进，包括公共文化机构理事会自主权、人事财政配套改革、社会力量参与、激励机制、公益目标实现等问题都将在这一阶段被探索和实践。

第二节 我国引进法人治理制度的动因

一、公共文化机构法人治理是建设现代文化治理体系的国家需要

文化反映包括人的世界观、价值观、人生观等在内的观念体系，一般又以理想、信念、价值、态度等形式外化到具体行为中。文化的阶级性和建构性，决定了文化必然是国家将其领导权渗透于社会各个角落的重要载体，是将国家文化权力分散于民众日常生产生活的重要场域。党的十九届四中全会审议通过《中共中央关于坚持和完善中国特色社会主义制度、推进国家治理体系和治理能力现代化若干重大问题的决定》，提出发展社会主义先进文化、广泛凝聚人民精神力量是国家治理体系和治理能力现代化的深厚支撑。文化建设作为国家"五位一体"总体布局的一个方面，决定了文化治理在国家治理体系中的重要地位。从"文化管理"到"文化治理"的理念变迁，标志着

国家战略和治理方式的整体转型,即通过建设现代文化治理体系,在实现公民文化权利、激发社会文化活力和创造力的基础上,规范社会行为,塑造社会风尚,形成新的价值秩序,以及建立在价值认同基础上的国家认同,在全社会范围内形成高度的向心力、凝聚力和整合力。[①]然而,当前中国正处于社会转型期,快速的城市化进程解构了原来的社会结构和秩序,社会发展导致公众思想越来越趋向多元。在这种背景下,公共文化机构必须在社会整合中承担必要的责任。探索推进公共文化机构法人治理改革是政府职能转变的一项重要内容,是以保障公众基本文化权益为制度和政策设计出发点的制度创新,也是公共文化机构从传统管理方式向现代治理体系转变的积极探索,关乎文化治理体系现代化。

  计划经济管理模式下,我国公共文化机构的管理体制面临管办不分等一系列现实困境。随着国家经济社会发展由计划经济转向市场经济,公共文化机构的管理也必须顺应这一历史趋势。公共文化机构法人治理作为政府自上而下推动的一项改革,必须将其置于转变政府职能、创新事业单位体制机制的大背景下思考。2014年,文化部在《公共文化机构法人治理结构试点工作方案》中提出的工作目标是经过试点,实现决策、监督和保障的科学化、规范化,提高公共服务效能。首先,要理顺政府部门和公共文化机构的关系,政府管哪些事,不管哪些事,都要在这轮改革中明确,以此激发公共文化机构自身的活力。其次,通过吸收公共文化机构外部专家,特别是群众进入决策层,扩大社会参与,使群众自觉自愿参与公共文化建设。最后,完善规范公共文化机构法人治理的运行机制,通过章程将决策机制、评价机制、监督机制、激励机制等固定下来,确保公益目标的实现。

  通过建立完善公共文化机构法人治理结构,公共文化机构决策主体将会发生根本变化,包括政府部门、行业专家、社会名流、群众代表进入理事会,各利益相关者的权利、义务和责任都将会经历一轮平衡的过程,通过集思广益,使决策变得更加科学合理。在运行机制方面,依托分权制衡的组织架构,公共文化机构将完善运行机制,实现自主管理、自我约束、有效监督;通过

---

① 李媛媛.国家文化治理视域下的现代公共文化服务体系发展趋势研究[J].中国社会科学院研究生院学报,2017(4):118-125.

财政投入方式改革、人事管理制度改革、收入分配制度改革等配套改革，破除公共文化机构"行政化"等问题，使每个公共文化机构都能最大限度发挥主体作用，调动社会力量参与公共文化服务的积极性，实现公共文化服务健康持续发展，同时为政府职能转变，探索政事分开、管办分离提供实践路径，为推进国家治理体系和治理能力的现代化的目标贡献力量。

二、公共文化机构法人治理是公共文化服务高质量发展的时代需要

公共文化服务高质量发展，是文化领域贯彻落实"高质量发展"国家战略的必然之举，也是全面建成现代公共文化服务体系的路径选择，更是提升国家文化软实力、切实保障与满足人民群众美好生活新期待的新时代使命。面对新时代国家对文化治理能力的需求，人民群众日益增长的对于高质量文化服务的需求，公共文化服务必须转变发展方式，从建设施、搭网络、做活动的高速度发展传统方式，向以需求为导向、注重效能、提高满意度的高质量发展向度转型升级。推动这一转型的关键在于体制机制层面的改革，公共文化机构建立法人治理结构，推行法人治理运行机制，能够更好地完成其目标、宗旨，发挥公共文化服务的最佳效能。在传统管理模式下，我国公共文化基础设施和服务体系建设已经取得突出成绩。但是，进入新时代，相对于人民群众的个性化、多层次、多样化的文化需求，公共文化服务仍然存在供需错位，精准供给不足，社会力量参与不足，服务效能不高，群众知晓率、参与率、满意度不高等问题。其核心症结，就是高质量发展不充分、不平衡的问题。这既是现阶段公共文化服务建设主要矛盾的表现，又是深化公共文化服务供给侧结构性改革的重点，更是提升公共文化服务现代治理能力的重要领域。

从公共文化机构的实际来看，推进法人治理结构改革：一是可以更好地贯彻落实党委、政府关于公共文化建设的决策部署。二是通过完善运行管理机制，引入社会力量参与，扩大监督、评价、决策范围，有助于促进决策的科学化、民主化，更好实现公益目标。在重大事项决策方面，目前公共文化机构的重大决策事项一般最终需要行政审批。实行法人治理后，政府与公共文化机构的关系得以理顺，形成理事会决策、管理层执行、政府监管、公众监督的运行

机制。同时，政府通过委派理事、完善激励约束机制等方式制约理事会，从而形成有效的分工、制衡与协作的权力运行机制。①三是通过进一步强化公共文化机构的法人地位，在符合国家有关规定的前提下，在人、财、物等方面给予其更大的自主权和决策权，有利于调动各方面积极性，激发内部活力。四是可以促进公共文化机构创新服务内容和方式，完善供需对接机制，提供更多符合群众需求的精准服务。作为公共文化服务客体，公众的参与是其天然的不可缺少的部分，但是在自上而下的传统文化供给维度下，以公众为代表的外部利益诉求很难表达或是在决策中容易被忽略。②实行法人治理有助于实现利益相关方的共同治理，畅通公众参与途径，通过平等协商，让各方利益主体在各种利益间找到平衡点，由此推动公共文化机构决策始终围绕公共利益进行。

三、公共文化机构的所有权与经营权分离构成法人治理的现实基础

在我国，公共图书馆、公共博物馆、群众文艺机构和其他公共文化机构都存在所有权与经营权相分离的特性。所有权和经营权的相分离催生了委托代理关系，这种委托代理关系则构成法人治理的现实基础。

委托代理关系是指一方或多方作为委托人授予另一方代理人一定的决策权力，指定其代为履行一定的义务和责任，后者根据协定内容和契约精神按照一定标准行使决策权力，两方均需在契约规定的框架下活动的关系。在所有者与经营者合一的情况下，所有者利益与经营者利益不会产生分歧。然而，随着公司形式不断发展，特别是股份制企业的出现，如果全体股东共同经营决策，这在成本和效率上都是不可接受的，由此使委托代理关系成为必然。为了实现股东利益最大化，企业必须将经营权委托给特定的人来代表股东行使权力，这是现代企业法人治理的雏形。虽然在委托代理的过程中出现代理人损害委托人利益等问题，但是不断修正制度过程中也使法人治理制度框架

---

① 周晓梅，李学经.事业单位构建法人治理结构的探索与思考：以广东为例[J].中国行政管理，2015(7)：6-10.
② 战恒彬.北京故宫博物院法人治理结构研究[D].北京：首都经济贸易大学，2017.

不断完善，由此形成了法人治理实践的现实路径。

我国公共文化机构相比公司企业，面临的委托代理关系更为复杂，我国的公共文化机构所有权属于全体人民，但是对一个公共文化机构的决策不可能依靠全民共同决策。因此，代表全民的政府将权力委托给公共文化机构，公共文化机构代理这份权力，这构成第一层委托代理关系。在计划经济体制下，事业单位完全受政府指令调控，形成政事一体化的管理方式，实际上是一种所有权与经营权合一的状态，随着公共文化机构与举办单位职能分离，公共文化机构代理的这份全体人民的委托权力需要进一步梳理。为了吸纳利益相关方的合理诉求，公共文化机构作为委托人，将这份权力交由理事会代理，由此形成第二层委托代理关系。这种双层的委托代理关系是公共文化机构建法人治理结构的现实基础。

第三节 我国公共文化机构法人治理的突出特点

文化是人类共同创造的，公共文化更是承载着一个群体的价值认同。文化产生伊始就具有社会交往意义上的公共性。[①]这个特点决定了公权力必然会通过各种方式介入影响文化的内容和发展，文化与意识形态形成了天然的紧密联系。意识形态是与一定社会的经济和政治相联系的观念、观点的总和，包括政治思想、道德、文艺、宗教等文化形式。[②]文化某种意义上就是意识形态的具体表现形式。在这种背景下，文化一方面被作为治理的工具，通过意识形态的控制实现统治阶级的意志；另一方面又被视为治理的对象，通过文化政策对文化发展进行干预，并通过一定治理方式的引入，来矫正管理、内容等方面的负面现象。公共文化机构法人治理改革即是这个过程的一个具体表现。我国是共产党领导的社会主义国家。在中国，任何改革都不能脱离这

---

① 万林艳.公共文化及其在当代中国的发展［J］.中国人民大学学报，2006（1）：98-103.
② 张泽民.试论意识形态的文化属性及精神交往平等性［J］.学校党建与思想教育，2009（26）：17-19.

一国情。我国公共文化机构法人治理实质上是党领导下的政府职能转变和社会治理能力现代化的一部分，研究我国公共文化机构法人治理必须自觉承认中国共产党在公共文化机构法人治理中的核心地位，必须承认政府在公共文化机构法人治理中的主导作用。

一、中国共产党在公共文化机构法人治理中的核心地位

公共文化机构是重要的意识形态阵地。坚持守正创新是深入推进公共文化机构法人治理结构改革的前提，即改革必须在坚持和加强党的建设的前提下实现体制机制创新。党的宣传系统既要担负起文化方针政策的制定，还要与政府共同负责文化政策的落实与监督职能。因此，公共文化机构法人治理在我国意识形态语境下，需要"坚持意识形态前置并确保意识形态主体对公共生活方式及其生存重心的选择权"①。

党的宣传系统的工作目标经历了计划经济时期文艺为意识形态宣传服务，到改革开放后为经济建设服务，再到新时期将文化视为国家"软实力"的转换。②目前，公共文化机构管理方面更直观的表现是政府归口的管理。党的十六届三中全会提出推进文化体制改革，要逐步建立党委领导、政府管理、行业自律、企事业单位依法运营的文化管理体制。③这使党和政府在公共文化机构法人治理过程中的角色得以明确，党委负有领导职能，政府负有管理职能。因为不同于纯意识形态文化领域，更偏重公益性的公共文化机构法人治理改革更突出地表现出党的宣传部门的较少干预特点，但是这并不影响党在公共文化机构法人治理中的核心地位。《关于深入推进公共文化机构法人治理结构改革的实施方案》把加强党的建设作为推进公共文化机构法人治理结构改革的主要内容之一，提出了有操作性的指导意见。例如，明确党组织在决

---

① 王列生.论构建公共文化服务体系的意识形态前置［J］.文艺理论与批评，2007（2）：125-129.
② 林玮.中国共产党90年来文化政策重心的四次转移［J］.中共四川省委党校学报，2012（2）：6-10.
③ 中共中央关于完善社会主义市场经济体制若干问题的决定［N］.人民日报，2003-10-22（1）.

策、执行、监督各环节的权责和工作方式；落实意识形态工作责任制；完善"双向进入、交叉任职"的配备方式；凡涉及公共文化机构改革发展稳定和事关职工群众切身利益的重大决策、重要人事任免、重大项目安排、大额度资金使用事项，党组织必须参与讨论研究；理事会做出决定前，应征得党组织同意，等等。

二、政府在公共文化机构法人治理中的主导作用

在我国，公共文化机构是由政府出资兴办的公益性机构，所有权属于全体人民，由全民委托政府行使权力，再由政府委托公共文化机构代为行使相关权力，由此形成了多层委托代理关系。因此，研究公共文化机构法人治理必然绕不开政府与公共文化机构的关系。长期以来，各级公共文化机构都是文化行政部门的下属事业单位，一定程度上被视为国家文化决策的执行机构，财政体制、人事体制等基本参照政府机关建立，使公共文化机构带有明显的科层制垂直管理模式的印记。我国公共文化管理长期形成的政事一体化的管理方式决定了市场的作用在公共文化领域的力量十分有限，这种公共文化机构法人治理过程中各参与主体并非平等的关系，决定了我国公共文化机构法人治理不能按照西方语境中的治理方式实施，也由此决定了我国公共文化机构法人治理必须在政府主导的文化体制改革框架下进行。在"政府主导型发展模式"[①]下，政府在文化领域问题确认、方向选择、政策制定和执行中处于核心地位。

第四节 我国公共文化机构法人治理的现状

一、法人治理结构主要形式：理事会+管理层

当前公共文化机构法人治理试点的架构以理事会为代表的决策层加管理

---

① 武力.新中国60年"政府主导型"发展模式的形成与演变［J］.教学与研究，2009（10）：5-11.

层为主。理事会的组建是法人治理的核心，目前试点中绝大部分理事会为决策型理事会，其中大部分理事会被明确具有监管职能，只有少数公共文化机构，如嘉兴文化馆、南京图书馆等机构单独设立了监事会，形成了决策层、管理层、监督层三者权力互相制衡的组织架构。从国外公共文化机构法人治理实践看，决策机构、执行机构、监督机构三者相互分离制衡是一个比较稳定的结构，这种结构能够更好地实现公益的目标与照顾各方利益的目的。但是从我国公共文化机构法人治理组织架构分析，大部分试点单位理事会（见表2-1）还兼具监督职能，只有少数公共文化机构，如南京图书馆、嘉兴文化馆等文化机构单独设立监事会，这样虽然降低了运行成本，但也形成了理事会"既做运动员又当裁判"的情形。

表2-1 2014年9月文化部公布的国家公共文化机构法人治理试点单位成立理事会时间

公共文化机构	理事会成立时间
浙江省温州市图书馆	2014年6月
广东省深圳市福田区图书馆	2014年7月
江苏省南京图书馆	2014年11月
广东省博物馆	2014年12月
山东省济南市群众艺术馆	2015年3月
广西壮族自治区桂林市临桂县文化馆	2015年7月
河北省唐山市丰南区图书馆	2015年10月
浙江图书馆	2015年12月
重庆图书馆	2015年12月
山西省朔州市图书馆	2016年4月

此外，当前理事会的架构还过于简单，在组织架构搭建中缺乏专业委员会的决策支撑，特别是社会理事占多数的情况下，虽然考虑到了利益相关方的诉求，但是不能打消外界"外行领导内行"的疑虑。从国外公共文化机构实践看，理事会背后通常会有专业机构的决策支撑，以此保障决策的科学性。例如，波士顿公共图书馆的理事会就建立了以财政、项目、馆藏、服务为核

心的四个专门委员会,以及以营销和筹资为主要目的的两个特别小组①,为理事会的决策提供科学支撑。在目前的试点单位中,深圳福田区公共图书馆理事会下设阅读推广指导、文献资源建设、绩效评估考核三个专业委员会,分别由三位在各自领域具有丰富实践经验和较高专业素养的理事分别担任委员会的主任,三个专业委员会按照各自专业属性的工作规程正常运作,为理事会决策提供专业咨询和管理咨询服务。苏州博物馆建立理事会制度后,原有的苏州博物馆学术委员继续保留,为博物馆规划、组织提供专业指导。②但从总体上看,在实践过程中,各类专业委员会从数量和质量上都无法满足理事会决策的需求,相关组织机制建设也有待健全。

从理事会成员构成情况看,作为决策机构的理事会成员,一般由政府有关部门、公共文化机构、服务对象和其他有关方面代表构成,这其中社会理事通常占多数。从职责来看,理事会主要负责机构的章程拟定,以及修订、发展规划、重大业务、财务预决算等决策事项,并且依法依规履行人事管理职责。管理层一般由公共文化机构行政负责人和其他主要管理人员组成,对理事会负责,执行理事会决策及日常业务管理。

二、理事会主流类型:决策与监督型

公共文化机构法人治理探索初期,理事会在定位上没有统一的标准,先后出现过以无锡市图书馆为代表的咨询型、以深圳图书馆为代表的议事与决策型、决策监督型、决策型等多种模式。例如,无锡市图书馆作为公共文化机构法人治理的先行探索者,当时政府职能转变配套措施不完善,许多权力没有下放,加上受各种因素所限,咨询型理事会成为当时可行的一种过渡模式,没有触及决策权等更深层次的改革领域。

《关于深入推进公共文化机构法人治理结构改革的实施方案》明确了理事会是公共文化机构的决策机构。从试点的角度看,今后的公共文化机构理事会的性质不会再出现多样化的定位。

---

① 肖容梅.深圳图书馆法人治理结构试点探索及思考[J].中国图书馆学报,2014,40(3):13-19.
② 陈瑞近.苏州博物馆建立理事会制度意义何在?[EB/OL].(2016-06-30)[2022-01-20].http://huadong.artron.net/20160630/n848429.html.

从目前我国建立法人治理结构和理事会制度的公共文化机构来看，议事型和咨询型理事会逐步被淘汰，决策与监督型理事会目前占主流。

三、理事会组成：吸纳社会多方面人士参与

吸纳社会多方面人士参与组成理事会是吸纳社会力量共同参与公共文化机构的管理与服务的题中之义。从顶层设计来看，由政府代表、文化机构、社会代表等组成的理事会要能够体现理事会的代表性和决策时对各方利益诉求的采纳平衡。

在具体实践中，各地都很注重社会理事的选任，具体操作中一般社会理事占多数。例如，温州市图书馆首届理事会设理事13名，面向社会公开招募的理事占10名，其他三名理事分别是主管部门委派一名，图书馆两名。① 浙江图书馆理事会的13名理事中，社会理事达到9人。② 这些社会理事立足自身行业特色，参与到公共文化机构建设与管理的过程中。例如，深圳市福田区图书馆借助理事会成员的行业背景促进图书馆的国际交流与合作。济南市群众艺术馆聘请艺术顾问参与业务建设，收集反馈服务意见来让社会各界进行监督。但是，目前大多数的公共文化机构没有建立完善的社会理事薪酬机制以及荣誉激励机制，导致一些社会理事参与公共文化机构治理意愿不强。这依然反映出理事会专业支撑不足，专业人员参与不足的问题。从社会环境看，社会理事的责任意识、参与意识、监督意识也需要一个培育的过程。

在理事产生方式上，从试点单位来看，我国公共文化机构理事会是以文化行政主管部门任命加上其他民主产生方式为主导形式。③ 这里的其他民主产生方式主要包括选举、推选、社会招募等。

在理事长的选任方面，各文化机构试点单位情况也不尽相同，包括浙江图书馆、温州市图书馆在内的公共文化机构聘请社会理事担任理事长，是其

---

① 王相华.公益性文化事业单位法人治理结构建设的浙江实践[J].文化艺术研究，2016，9(3)：22-30.
② 易红，王宁远.公共图书馆法人治理结构现状调查与分析[J].图书馆研究与工作，2018(1)：75-80.
③ 易红，王宁远.公共图书馆法人治理结构现状调查与分析[J].图书馆研究与工作，2018(1)：75-80.

法人治理结构试点工作中的一个特色,而大部分公共文化机构试点单位还是以政府任命为主,理事长大多来自文化行政主管部门。

四、理事会运行机制及配套:摸索中完善

随着试点的推进,公共文化机构试点单位普遍形成了一套运作机制,理事会对举办单位负责,管理层对理事会负责,定期向理事会报告工作。举办单位则在理事会和管理层的组建,依法依规审查理事会重大决策,以及监督、评价等方面发挥作用。

从各地试点机构设置、理事会组成、职权来看,已经初具理事会制度之形,但也存在政府部门放权有限、理事会职权不清等问题。我国过去的公共文化机构运作方式是行政化的,推进法人治理改革的一个重要目的就是增强公共文化机构自主性。但是这一改革是从上而下推动的,行政化现象很难从根本上改变,机构内部积极性不足,法人治理不能真正形成一种委托代理关系,而依然是一种科层制行政管理模式[①],管办分离、政事分离无法落到实处,造成现有文化管理制度与法人治理制度衔接性不足,公共文化机构的理事会作用发挥有限。因此,在理事会运行机制建立过程中,各地也从理事会职能设计、配套改革等方面进行探索。

根据有关政策法规,公共文化机构必须配套建立年度报告、信息公开等制度。这有利于法人治理的规范运行,减少随意干涉和决策,各地在试点或者工作探索中,也都比较重视制度先行。例如,重庆图书馆建立《重庆图书馆信息公开制度》《重庆图书馆年度报告制度》《重庆图书馆工作绩效评价制度》《重庆图书馆理事会决策失误追究制度》,通过这些制度的建立,增强理事的责任心和决策的科学性。济南市群众艺术馆制定完善了《济南市群众艺术馆章程》《济南市群众艺术馆信息公开制度》《济南市群众艺术馆理事决策失误追究制度》《济南市群众艺术馆绩效评价制度》等相关配套制度。[②]

---

① 常大伟,付立宏.我国公共图书馆法人治理结构建设的内在逻辑、现实困境与实施策略[J].国家图书馆学刊,2018,27(3):3-12.
② 马迎春.艺术馆推行法人治理结构的探索及思考:以济南市群众艺术馆公共文化机构法人治理结构建设试点工作为例[J].人文天下,2017(12):73-77.

第三章 新公共服务视角的选取：逻辑与框架

第一节 研究现状：缺乏服务视角与公众参与视角

对法人治理结构研究的初衷其实是源于破解国有企业改革瓶颈的尝试，对事业单位的聚焦则是最早在科技领域的单位。早在2000年，《国务院办公厅转发科技部等部门〈关于非营利性科研机构管理的若干意见（试行）〉的通知》（2000）就提到了非营利性科研机构应该积极探索理事会机制的问题。2014年，文化部在《公共文化机构法人治理结构试点工作方案》中提出的工作目标是，经过试点，试点单位逐步构建以公益目标为导向、内部激励机制完善、外部监管制度健全的规范合理的现代管理体制和运行机制，实现决策、监督和保障的科学化、规范化，提高服务效能。

通过梳理国内公共文化机构法人治理相关研究成果，可以分为三类：一是侧重行业共性，分别对公共图书馆、群众文艺机构、公共博物馆等公共文化机构法人治理的探索进行分析。二是立足区域特色，结合地方实践工作总结相关经验和矛盾。三是聚焦公共文化机构法人治理相关的具体问题，探索结构的合理构成和科学的运营机制。具体来说，目前研究的问题聚焦于法人治理内涵、文化事业单位法人治理结构、治理中的政府责任、治理的比较制度分析、治理模式演进路径、法治保障、西方国家公共文化机构法人治理实践对我国的启示等方面。

一、法人治理相关概念研究

在公共文化机构法人治理的概念研究方面，李国新认为文化事业单位的法人治理结构与公司企业法人治理结构有着相同的原理，重点体现了利益相关方的共同治理。① 高宏存从现代公共文化服务体系建设的新要求、传统文化管理的组织之困和制度之失、公共文化机构以理事会制度推动法人治理结构建设三个方面进行解析，认为这是我国推动文化治理实现实质性制度建设的开端。② 徐贵宏提出事业法人治理结构就是指从事社会公共服务活动的事业法人，以实现公共利益最大化为目标，通过所有权与管理权分离，实行决策、执行和监督"三位一体"的组织结构和运行机制，对内部和外部利益相关者之间的权力和利益进行科学分配与制衡的一种制度安排。③ 戴珩给公益性文化事业单位法人治理的定义是提供公益服务的文化单位依法独立运作、自我管理和承担职责，实现文化事业单位宗旨和职责为目标，各相关利益方共同参与治理的组织架构、运营机制等相关制度安排。④ 王学思认为对决策机构、执行机构和监督机构的权责关系和利益分配做出合理的制度安排是法人治理结构的实质。⑤ 从上述研究可以看出，学者对于公共文化机构的概念表述各有侧重，但是他们对公共文化机构法人治理涉及的主体、重点内容、目标的认识没有实质性差异。

二、法人治理组织架构相关研究

曹巍认为公司治理广义上包括与利益相关者之间的关系，狭义上则指公

---

① 李国新.公共图书馆法人治理：结构·现状·问题·前瞻［J］.图书与情报，2014（2）：1-6,9.
② 高宏存.文化治理深化与公共文化机构法人治理建设［J］.学术论坛，2018，41（1）：128-134.
③ 徐贵宏.中国特色现代事业法人治理结构、治理机制与治理规则［J］.行政科学论坛，2014，1(3)：19-31.
④ 戴珩.文化事业单位法人治理结构的理论逻辑和实践路径［J］.图书馆建设，2015（2）：18-21，25.
⑤ 王学思.构建法人治理结构：并非成立理事会就OK了［N］.中国文化报，2014-04-25（8）.

司内部股东、董事、监事及经理层之间的关系。①朱红艳认为，法人治理结构的实质就是对权力机构、执行机构和监督机构在处理生产经营问题时的权利、责任及利益的制度安排。②周建华认为，法人治理结构相较传统组织结构，具有明显优势。法人治理结构能够维护组织的稳定，同时保证利益相关方在权力和利益的分配与制衡关系。传统组织结构大多是静态管理，法人治理结构则偏向动态；实体建设与制度建设分别是传统组织与法人治理结构的不同核心；相较于传统组织结构的稳定性与刚性，法人治理结构偏爱原则性与灵活性的统一。③蒋永福认为，法人治理结构由一系列激励约束机制构成，实现法人组织的"良好治理"便需要明确的、结果导向的体制机制对工作绩效进行评估。④王学思认为，法人治理结构的实质是对决策机构、执行机构和监督机构的权责关系和利益分配做出合理安排。⑤谢一帆认为，建立理事会和管理层是法人治理结构的核心，理事会成员是由利益相关者组成的。⑥

纵观上述法人治理组织架构相关研究，可以体现出我国学者在公共文化机构法人治理机构研究中对于利益相关者关注的自觉，在圈定决策、执行和监督三种主体的基础上，也关注到媒体、社会公众等利益相关者通过报道、回馈、参与等多种形式对公共文化机构运营产生影响。

三、法人治理相关运行机制研究

从目前公共文化机构管理体制看，法人治理结构建设涉及各相关主管部门，除了主管单位，还有人力资源和社会保障、财政、机构编制等相关部门，

---

① 曹巍.公司法人治理结构研究［M］.北京：知识产权出版社，2010：1-20.
② 朱红艳.国内公共图书馆法人治理结构知识图谱构建与分析［D］.合肥：安徽大学，2016.
③ 周建华.公共图书馆法人治理结构的分析与思考［J］.图书馆建设，2014(12)：71-75，79.
④ 蒋永福.从图书馆管理走向图书馆治理：图书馆法人治理结构与行业管理初探［J］.高校图书馆工作，2010，30(5)：3-8.
⑤ 王学思.构建法人治理结构：并非成立理事会就OK了［N］.中国文化报，2014-04-25(8).
⑥ 谢一帆.法人治理结构：事业单位改革的新课题［J］.兰州学刊，2008(7)：85-88.

初步统计近20个。① 在制度设计中，行政主管部门对公共文化机构的监管，从直接管理变为间接管理，从微观管理改为宏观管理。② 实行法人治理后，政府不再直接干预理事会的决策，而是依法依规，通过信息公开、报告等程序实施监督。③ 根据制度设计，理事会与管理层的职能应该有明确的区分，理事会主要在宏观层面对公共文化机构运行进行决策，日常工作由管理层按照理事会决议独立自主履行。公共文化机构行政负责人由理事会提名或任命，按照人事管理权限报有关部门备案或批准。④ 在理事产生方式上，从目前试点单位来看，我国公共文化机构理事会是以文化行政主管部门任命加上其他民主产生方式为主导形式。⑤ 这里的其他民主产生方式主要包括选举、推选、社会招募等。从推行法人治理的公共文化机构来看，代表政府部门或相关组织的理事一般由政府部门或相关组织委派，代表服务对象和其他利益相关方的理事原则上推选产生。⑥

从目前我国公共文化机构法人治理相关运行机制探索可以看出，现阶段我国公共文化机构法人治理运行体现出中规中矩的特点，各试点单位互相借鉴，没有出现颠覆性的创新性运行机制，这与现阶段我国公共文化机构法人治理改革所处阶段、社会环境有一定关系。

四、其他方面的相关研究

一些专家学者聚焦公共文化机构法人治理存在的问题，祁述裕指出目前公益性文化单位自我发展意识和能力不强，被动服务多，主动服务少，并从

---

① 周晓梅，李学经.事业单位构建法人治理结构的探索与思考：以广东为例[J].中国行政管理，2015(7)：6-10.
② 王静.建立健全博物馆法人治理结构的示范意义[J].博物馆研究，2015(3)：13-18.
③ 易红，王宁远.公共图书馆法人治理结构现状调查与分析[J].图书馆研究与工作，2018(1)：75-80.
④ 祁述裕.建立完善文化事业单位法人治理结构[N].人民日报，2013-12-06(24).
⑤ 易红，王宁远.公共图书馆法人治理结构现状调查与分析[J].图书馆研究与工作，2018(1)：75-80.
⑥ 祁述裕.建立完善文化事业单位法人治理结构[N].人民日报，2013-12-06(24).

权利责任角度分析文化文物单位管理体制创新需要解决的问题。①许京生、刘晓颖认为，公共文化机构法人治理在避免形式主义的同时，也要防止因理事会过多干预具体事务导致效率低下的问题。②李国新认为，当下的人事管理体制与理事会制度下的馆长遴选机制无法完美契合。按照现行财务管理体制，理事会决策单位预决算与一个具体图书馆理事会的考虑和视野有区别。③

常大伟、付立宏从逻辑起点、逻辑依据、逻辑支撑、逻辑呈现等方面研究我国公共图书馆法人治理结构的研究路径。④申庆月从法律角度研究这一问题，认为推动建立公共图书馆法人治理结构是自由民主之宪政思想在图书馆管理体制下的具象化，而民法的法人制度是其根基，图书馆专门法是其上位法依据，相关地方性法规和规章则具体规定法人治理的架构和实施细则。在我国现行法律体系中，图书馆专门法的缺失以及地方性法规和规章的滞后是制约公共图书馆法人治理结构发展的主要原因。⑤

自2014年文化部进行公共文化机构法人治理试点以来，各地总结了试行经验，涌现了一大批研究成果。易红、王宁远对目前公共图书馆法人治理结构现状进行调查与分析，从宏观方面梳理了目前我国公共文化机构法人治理的现状。⑥肖容梅以深圳图书馆法人治理结构试点为样本，总结深圳图书馆法人治理结构试点的成效与问题。⑦福田区公共图书馆理事会的定位不是针对单独法人机构的理事会，而是面向全区公共图书馆服务体系的项目理事会制度，

---

① 祁述裕.文化文物单位管理体制创新的重要抓手[J].上海文化，2016(6)：10-13，124.
② 许京生，刘晓颖.我国公共文化机构建立法人治理结构的探索与实践[J].图书馆杂志，2015，34(9)：33-37.
③ 李国新.公共图书馆法人治理：结构·现状·问题·前瞻[J].图书与情报，2014(2)：1-6，9.
④ 常大伟，付立宏.我国公共图书馆法人治理结构建设的内在逻辑、现实困境与实施策略[J].国家图书馆学刊，2018，27(3)：3-12.
⑤ 申庆月.公共图书馆法人治理结构的法律依据研究[J].图书馆建设，2015(3)：8-12.
⑥ 易红，王宁远.公共图书馆法人治理结构现状调查与分析[J].图书馆研究与工作，2018(1)：75-80.
⑦ 肖容梅.深圳图书馆法人治理结构试点探索及思考[J].中国图书馆学报，2014，40(3)：13-19.

其覆盖范围、行使职能具有区域性。①樊霞以朔州市图书馆为例，分析朔州市图书馆推行法人治理改革的措施成效，指出政府部门、理事会、管理层的权责划分问题是法人治理结构的核心矛盾。人事管理权限的下放与否，财政权力是否接轨，事权下放能否真正实行都最终决定法人治理的结果。②马迎春以济南市群众艺术馆公共文化机构法人治理结构建设试点工作为例，对艺术馆推行法人治理结构的探索及思考。③

马玲④、张世颖⑤、李佳⑥、罗珊珊⑦、金武刚⑧、崔丽⑨、陈慰⑩等学者在介绍其他国家公共文化机构法人治理的结构、模式、制度等基础上，提出我国公共文化机构法人治理可以借鉴的途径。

综观国内这些研究，在公共文化机构法人治理概念、结构、原则等方面初步形成了体系化的理解，但是相关研究依然侧重于理事会理事的构成、职能等具体技术层面，习惯于从行政管理角度审视公共文化机构法人治理各主体之间的关系，缺乏服务视角与公众参与视角。一直以来，公共文化服务的提供与公共文化服务体系的构建均由国家和政府机构主导，这其中代表传统

---

① 深圳市福田区委宣传部（文体局）.区域性公共图书馆服务体系的法人治理结构探索与研究：以深圳福田为例［R］.深圳：福田区图书馆，2016.

② 樊霞.公共图书馆法人治理结构体系建设初探：以朔州市图书馆为例［C］//全国中小型公共图书馆联合会，中国知网·中国知识资源总库编委会.全国中小型公共图书馆联合会2015年研讨会会议论文集：二.北京：［出版者不详］，2015.

③ 马迎春.艺术馆推行法人治理结构的探索及思考：以济南市群众艺术馆公共文化机构法人治理结构建设试点工作为例［J］.人文天下，2017（12）：73-77.

④ 马玲.国外图书馆法人治理结构建设特色与启示［J］.图书馆工作与研究，2015（9）：53-56.

⑤ 张世颖.西方国家公共图书馆建设主体设置模式及其对我国的启示［J］.图书馆建设，2010（11）：6-10.

⑥ 李佳.中美公共图书馆建设主体、管理主体比较研究［J］.山东图书馆学刊，2012（2）：31-35.

⑦ 罗珊珊.纽约公共图书馆的法人治理结构［J］.图书与情报，2014（2）：17-19.

⑧ 金武刚.大英图书馆的法人治理结构［J］.国家图书馆学刊，2014，23（3）：41-46.

⑨ 崔丽.新加坡国家图书馆管理局的法人治理结构［J］.图书与情报，2014（3）：67-73.

⑩ 陈慰.公共图书馆法人治理结构探析：以美国弗吉尼亚州公共图书馆理事会为例［J］.图书馆杂志，2015，34（9）：43-48.

公共行政模式的科层制，以其理性和效率优势影响了公共文化机构治理的方方面面。受此影响，我国公共文化管理在取得巨大成绩的同时，也伴生了公共文化服务的社会化、多元参与被抑制等一系列问题。在追求行政现代化的改革实践中，受新公共管理理论主导范式的影响，对于效率的评价也一度占据了公共文化服务评价的重要地位，某种程度上又忽略了公共文化服务的初衷。因此，必须结合各种管理思潮的演变去思考如何改变政府和公共文化机构的思维方式和行为方式，思考在推进法人治理过程中我们忽略了哪些应该在公共文化服务领域提供的价值观念，思考我们应该怎样发现并用中国的视角去阐释这些价值观。我国在公共文化管理发展过程中不可避免地会受到传统管理理论和新公共管理理论的影响，但充其量也只能是技术层面的修补提升，无法从根本上体现我国公共文化管理发展的底层逻辑、发展目标。我们需要寻找一种视角，能够一定程度上反映、解释我国公共文化服务的理想和价值。而建立在对传统管理理论和新公共管理理论批判反思基础上的新公共服务理论所提出的"公平性""公众参与"等这些目标，与我国公共文化发展以人为本理念有所契合，为我国公共文化机构法人治理提供了一种新的理念视角。围绕这些观点，我们可以尝试与西方一些治理理论建立连接，并用中国叙事方式展望我国公共文化机构法人治理的前景。

第二节　以新公共服务为视角研究的理论逻辑

一、新公共服务理念在我国公共文化机构法人治理中的话语基础

作为构建现代公共文化服务体系的重要一环，公共文化机构法人治理必然以现代公共文化服务理念为基础，这种公共服务理念背后所反映的是提高公共文化服务效能、激发中国社会的活力和文化创新力、提供主体的多元性及协作性的诉求。2014年，文化部在《公共文化机构法人治理结构试点工作

方案》中提出的工作目标实质上指向了文化治理能力现代化的问题，反映了从"文化管理"到"文化治理"的理念变迁，这些变化包括并不局限于从计划经济时代的传统事业型文化体制向市场经济时代的国家战略型文化体制转型，从政治一元主义转向强调文化的多元价值，从片面强调文化的意识形态功能或经济功能转向注重公民文化权利的实现。

新公共服务理论的内核依然植根于西方市场经济话语体系，但是建立在对传统管理理论和新公共管理理论批判反思基础上的新公共服务理论确立的政府职能是服务，而不是掌舵；公共利益是目标，而非副产品。在行动上，要有民主性，责任并不简单，公民权胜过企业家精神等原则与我国公共文化机构法人治理所要解决的政府与公共文化机构关系、民众的文化权利保障、公共文化机构的多元共治等深层次核心问题有很高契合度。

在公众权利保护方面，新公共服务理论关注到的公民寻求公共资源能力不一的问题，以及由此引申出的政府如何作为的思考，一方面契合我国公共文化服务均等化的特点，另一方面在公众参与方面为我们公共文化机构法人治理提供了思路。这些共通之处奠定了新公共服务理念在我国公共文化机构法人治理之中的话语基础。

二、新公共服务理念与我国公共文化机构法人治理核心需求的契合点

（一）公共利益保障需求

公共利益具有歧义性和易变性。然而，无论公共利益以什么样的角度被界定，它都是制定公共政策的逻辑起点。在确立法人治理制度后，公共文化机构的各利益相关者以不同的方式与公共文化机构产生互动。政府要保证公共文化机构提供的资源主要用于公益，理事会专注于重大事项决策，工作人员依规履职并取得相应报酬，媒体、社会公众则通过报道、回馈、参与等多种形式对公共文化机构运营产生影响。但是在实际运作中，根据"理性经济人"假设（个人追求利益最大化），各主体会选择最有利于自身利益的行为方式，从而影响公共利益的实现。

从传统公共行政理论到新公共服务理论，如何保障公共利益都是思考的重点。在新公共服务理论下，政府虽然也和传统管理理论一样处于政策制定的核心地位，但是这种政策制定以公众充分参与为前提，是建立在为响应公共利益和公众共同价值观而行动的信念之上的。这种行政理念的发展演变对目前我国公共文化机构法人治理的推行无疑具有启发意义。

（二）多元主体共治的运行需求

要实现公共利益目的，巩固公共文化机构作为意识形态重要阵地的地位，需要公共文化机构具体地去执行，要将朝着预期方向进展的事业中的各方联合起来。在具体执行中，公共文化机构都应该是开放的并且可以接近的，因为如果公共文化机构是不可接近的，那这种基于中国特色社会主义核心价值观的公共利益则无从实现。同时，必须认识到公共文化机构存在的理由就是要满足公众文化需要，而实现这一目的的最佳途径是在公共目标中为参与和合作创造机会。根据新公共服务理论看待公共文化机构的运行，其角色应该从服务直接供给者转变为平台提供者，也应该健全机制鼓励公众积极参与其中。

（三）政府和公共文化机构权责关系明确的需求

在我国，研究公共文化机构法人治理必然绕不开政府与公共文化机构的关系。过去，各级公共文化机构一定程度上被视为国家文化决策的执行机构，财政体制、人事体制等基本参照政府机关建立，使公共文化机构带有明显的科层制垂直管理模式的印记。怎样解决人事、财政体制与公共文化机构法人自主权之间的矛盾，是公共文化机构法人治理取得突破的关键。从目前公共文化机构管理体制看，法人治理结构建设除涉及举办单位外，还涉及财政、人力资源和社会保障、审计、机构编制等部门，除需要举办单位主动放权外，还需要相关部门大力配合。在管理逻辑向治理逻辑转变的前提下，目前我国公共文化机构法人治理初步形成了政府从直接管理向间接管理，从微观管理向宏观调控，从行政管理向法治管理的总体思路，这些治理方式的变化一定意义上与新公共服务理念是契合的。

（四）扩大公众参与的需求

实践证明，仅靠政府和公共文化机构不能完全解决公共文化服务供给问题，公共文化系统有效的治理越来越需要公众积极持续地参与到规划、政策制定、执行和服务供给之中。为了培养文化价值观的认同感和责任感，与其说公众参与是达到法人治理目的的手段，不如说它本身就是法人治理的目的。这不仅关系到解决政策或政策执行的问题，更关涉到提供一种路径来帮助公众建立文化价值观的认同感。在法人治理框架下，公众不仅应该关心自身文化利益，更应该关心更大范围的社区，愿意为社区和邻里的公共文化利益需求承担责任。如果法人治理能获得公众的广泛参与，就会促进公众对相关文化问题的理解。

（五）本土化的制度需求

公共文化机构法人治理法治保障涉及公众文化权利的实现、政府与公共文化服务领域各当事人的权利责任分配、社会资源的高效分配等诸多问题，要保障公共文化机构法人治理持续稳定发展，必须寻求政府公权力与民众私权利的一种平衡，然后基于法律进行合法、合理、有效的权利分配。要达到这一目的，必须根据我国的社会性质、文化体制、政府政策等建立符合国情的行政法的原则和理论体系，为我国公共文化机构法人治理的法治保障扫清障碍。新公共服务理论也认识到了公共服务的需求和现实责任问题的复杂性，认为公共服务需要正视宪法法律、社区价值观、政治规范、职业标准、公民利益等复杂因素的综合影响。目前，搭建起理事会的框架并不等同于法人治理结构的全面建立，如何思考各方面权力的平衡，进而进行合法、合理、有效的权力分配，将决定我国公共文化机构的法人治理改革的未来。

三、公共文化机构法人治理关键要素在不同理论中的特点比较

从逻辑起点、管理主体、服务主体、参与主体这种线性结构解析我国公

共文化机构法人治理,不难看出公共利益保障、理事会民主运行、政府角色定位、公众参与是公共文化机构法人治理的关键要素。

(一)公共利益观的形成与发展

1. 传统公共文化行政与管理者构建的公共利益

在农业社会中,私人利益和公共利益还没有明确的区分。在工业化进程中,公私的明显分化要求不同政策来对二者进行不同的规制。在传统公共行政中,公共利益是由政策制定者来界定的。这种界定是以假定行政官员能够全心全意并科学有效地为公共利益服务。在这一过程中,公众的话语权是缺失的。彭德尔顿·赫林认为可以把公共利益用来作为"旨在引入统一性、秩序和客观性的一种言语符号",尽管赫林强调要对公共利益负责,但是他的模式同时也假定任何直接的公民参与都是不必要的。①这种以行政者可以用最有效率、最科学的标准界定公共利益的观点过于理想化,导致在行政实践中容易出现"屈私以为公"的现象,民众基本权利的保障容易被忽视。

2. 新公共管理与以顾客为取向的公共利益

新公共管理理念下对于公共利益的认识必须放在特定的社会环境下去理解。新公共管理倡导一种"以市场为基础的、灵活的、提供回应性服务的企业化政府管理方式",新公共管理理论的一个重要价值取向是"以顾客为取向"的市场化。在新公共管理倡导者看来,只有在竞争的环境下,让顾客拥有选择、评价公共服务的权利,才能促进管理者提高公共服务的效率和质量。但是,这里的"顾客"并不是普遍意义上的顾客,而是能够为市场化服务买单的人群。在这种理念指导下,基于共同价值观的集体选择被置于个人选择的优先级之下,行政者容易忽视公众集体正当需要,如果行政者真的关注了这种需要,也只能归因于市场做出个人选择时衍生的副产品。

3. 新公共服务理论中建立在对话与参与基础上的共同利益

新公共服务理论将公共利益视为社区对话和参与的一个过程。公众借这

---

① 登哈特 J V,登哈特 R B. 新公共服务:服务,而不是掌舵[M]. 丁煌,译. 北京:中国人民大学出版社,2016:47-60.

一过程了解政策制定情况并表达意见,虽然政府和公共机构的角色重要性不会削弱,但是在新公共服务中,公共行政官员的决策已经不是个体决策,而是代表一个整合了各种意见的综合体,在决策的每个阶段都要为公众提供充分发言权。

(二)公众观念的形成演变

1.传统公共行政:指令执行过程中对公众需求的忽视

在早期的传统行政模式下,公共机构的唯一目的就是执行政治上决定的政策和项目,公共行政目标就是保持中立并利用行政专长来实现效率,因此执行过程被认为并不重要。正如威尔逊、古德诺及其他公共行政的奠基学者所宣称的,政治领域做出决策,行政机构只是机械地把这些决策付诸实施即可。当时的关注重心在为实现效率而计算成本与收益的组织管理上。

在传统行政观念下,政策执行的过程是自上而下的、层级制的及单向度的。在执行过程中,公共机构的自由裁量权并没有被认可为公共行政官员工作的一个组成部分;相反,机构及管理者要应用行政来调控这个过程,以便政策像制定者预期的那样准确发生作用。行政机构的职责就是中立地执行由立法机关通过的法律,因而人们关注的重心必然放在为符合这些政策目的而调控的行为上。这其中最重要的考量就是效率,即以最低的成本提供符合法律的服务。

2.新公共管理:市场导向下公众需求的被动实现

在受到新公共管理理论家称赞的主要机构运行方法中,民营化和共同生产是其中具有代表性的两种。这两种方法使机构运行进入一个类似市场的活动领域。在某种意义上,新公共管理理论家所倡导的机构运行观就是用管理企业的方法管理公共机构。与传统公共行政自上而下地追求有效执行不同,新公共管理实际上是从"顾客"那里寻求有效的执行,通过以市场理想和规范为基础的共同生产(政府和公民一起参与公共服务的生产和供给)来减少成本。换言之,在新公共管理中,公民参与是能够提高所提供的服务水平和质量的生产性行为。

这种运行模式导致人们强调的是一些向公众表明政府正在尽职尽责的绩效测量标准和效率指标,而公众的作用就局限于对服务的需求、消费和评价。在这一过程中,公众的作用显然是被动的。

3.新公共服务:充分互动作用下公众需求的有效表达

按照新公共服务的观点,公众参与被视为理所当然的,公众应该知晓并参与相关政策的制定执行,正是这种与公众的互动和接触才使公共服务有了目标和意义。从新公共服务的观点来看,社会互动、共同的空间感及共同的契约,这些特征可以增强社区的凝聚力和团结。在这种环境下,公众和机构彼此都有责任识别问题和实施解决问题的方案。在这一过程中,公众对机构有了更多的了解,机构也对公众有了更多的了解,机构实际上扮演了促进和鼓励公众参与并帮助培养公众这种能力的角色。

(三)政府角色的演化

1.传统公共行政理论下的政府主导角色

从世界范围看,公共文化产品担负着全体公众对社会文明成果共享理念的使命[①],同时作为一种普惠性的服务供给,不可避免出现市场失灵的现象,一直以来公共文化服务的提供与公共文化服务体系的构建均由国家和政府机构主导,这其中代表着传统公共行政模式的科层制,以其理性和效率优势对公共文化机构治理影响最大。

受此影响,一些国家形成了政府主导型的公共文化管理模式,建立起政事一体化的公共文化管理模式。在这种模式下,一般都会设有专门的文化行政管理部门,在国家力量主导下对公共文化机构进行有限的资助,并以非营利的形式向公众提供公共文化产品和服务,以此实现公共文化服务的普惠宗旨。

这种政府主导的模式的最大优势在于,政府可以集中力量,在较短的时间内将资源用于文化事业的发展,能够迅速满足公共基本文化需求。但是政府的主导角色也导致公共文化服务的社会化、多元参与无法形成,市场机制

---

① 王鹤云.我国公共文化服务政策研究[D].北京:中国艺术研究院,2014.

作用、企业、个人活力被抑制等一系列问题。

2.新公共管理理论下政府的"企业家"角色

20世纪80年代以来，西方国家追求行政现代化的改革实践催生了新公共管理理论，并随着这种理论的发展，逐渐在当代公共行政理论与实践中占据主导范式的地位。新公共管理倡导一种以市场为基础、提供回应性服务的企业化政府灵活管理方式，这种方式是一种自下而上地对科层制官僚体制的一种修正，致力于用企业式的管理替代行政，对包括公共文化机构在内的公共组织管理实践和改善公共组织绩效产生了深刻影响。[①]

秉持着管理的自由化和市场化理念，在公共文化管理领域还形成了以英国为代表的"一臂之距"管理模式。在这种模式下，这些公共文化机构的经费来自政府预算拨款，机构成员由政府任命。同时，这些公共文化机构的成员一般是由文化艺术领域的专家担任，具有较大自主权，政府只在宏观上引导价值观、价格等要素。这种模式的最大优势在于，可以最大限度激发社会参与积极性。但是政府角色相对超脱，容易使公共文化机构内部形成"内部人控制"现象，而这种市场导向的模式不可避免会造成对公共利益、民主等价值观的忽视。

3.新公共服务理论中政府的服务角色

在新公共服务理论家看来，新公共管理理论倡导的企业家的思维和行为方式有些狭隘，公共行政官员有责任通过担当公共资源的管理员、公共组织的监督者、社区参与的催化剂、基层领导等角色来为公众服务。[②]

相比传统公共行政理论下的政府角色，新公共服务理论下的政府角色还要考虑更多的市场因素。而相比"一臂之距"模式下的政府角色，新公共服务理论下的角色又更加主动，是基于政府角色否定之否定之后的再认识。政府的主导性角色包含与公众的协商对话，从而使公共文化机构成为一个公众可以充分对话协商的平台。

[①] 孔进.公共文化服务供给的国际经验及借鉴[J].国外社会科学，2015(2)：88-92.
[②] 登哈特 J V，登哈特 R B.新公共服务：服务，而不是掌舵[M].丁煌，译.北京：中国人民大学出版社，2016：32-46.

（四）公众参与角色的演变

1. 传统公共行政中的被动接受者

传统公共行政主要关注服务的直接供给和对人的行为规制，处在接收端的公众一般被称为"当事人"，指被提供职业服务的一方。在传统公共行政背景下，当事人处于弱势地位，被认为需要公共项目的实施来提供帮助，这样政府不可避免地被视为在控制着依赖这些机构的人们。通常情况下，在控制过程中政府官员不可避免地会伴随着傲慢以及对陈规老套使用过度。

对于公共文化服务而言，由政府提供基本的文化内容，公众处于被动的地位，主要参与形式为利用公共文化资源、接受公共文化设施服务与内容。

2. 新公共管理中的顾客

新公共管理理论侧重从经济学意义上看待公众角色，通过把政府服务的接受者视为消费者或者"顾客"，从而把顾客至上的理念带入这场关于公共行政官员与公众之间适当关系的讨论之中。在这一语境下，顾客会试图使其个人利益尽可能充分实现。政府也确实在某种意义上获得提高服务质量的动力，但是这种取向忽视了政府宏观意义上的责任。公众并不仅仅扮演顾客的角色，他们更是所有者，而顾客和所有者的利益显然不会完全一致。尽管在企业中可以通过顾客满意而长期获益，但是政府机构却必须对更大的公共利益负责而不仅仅是为个体的顾客满意。

在新公共管理影响下，政府开始关注公众文化需求的差异化选择，公众也开始通过文化市场寻求超出基本文化服务范畴的文化内容，参与某些文化活动的反馈，但是这种参与得到反馈的程度还比较低，反馈的渠道和路径也不畅通。这一阶段公众在文化活动参与中扮演的只是一种浅层次的参与角色。

3. 新公共服务中共同价值观的构建者

新公共服务认为，与政府互动的并非纯粹是顾客，对公共文化服务来说，公共文化机构需要思考为实现更高层次的公众参与目标而同公众及非政府组织开展积极合作的具体方式。公众在参与公共文化方面也获得了更自由的选择权。这种自由选择权包括个人的文化活动自愿参与原则、文化意识自律等，甚至可以参与公共文化机构相关决策。

第三节 基于新公共服务视角的我国公共文化机构法人治理分析框架

一、制度起点：公共利益保障中的多元利益诉求分析

公共文化机构法人治理具有一定特殊性，公共文化机构法人治理面临所有权、控制权和收益权相分离的局面，公共文化机构法人的"出资人"主要是政府相关部门，而"受益人"主要是社会公众，所有权和收益权是分离的。[①]因此，在法人治理过程中要找到所有权、控制权和收益权的平衡点。公共文化机构目标和价值取向具有复杂性，作为公益法人，最大限度地扩大公共利益、促进公众权益的实现是公共文化机构必须致力实现的目标，但是公共文化机构并非寻求所有公众的公共利益过程中唯一起决定作用的一方。公共文化机构所处的外部环境，如作为出资人的政府的意见等，将会对公共文化机构运作的方式起到很大的影响。基于我国政府与公共文化机构的特殊关系，在法人治理过程中，政府在公共文化服务中的中心地位实际体现在公共文化机构的运作中。因此，探讨法人治理过程中政府、机构、公众各自扮演何种角色，进而分析公共文化机构公共利益问题，就成为公共文化机构法人治理克服各种障碍的突破口和现实选择。

二、服务主体：理事会多元主体共治目标下的运行分析

为了达到实现公益目标、保护利益相关者利益的目的，公共文化机构法人治理必须在法制框架下构建一种民主、法治、透明、高效的管理体制，明确各参与主体之间的权力分配和制衡关系。尽管我国公共文化机构法人治理

---

① 徐贵宏.中国特色现代事业法人治理结构、治理机制与治理规则[J].行政科学论坛，2014，1(3)：19-31.

顶层设计中就非常重视治理中的公众需求，大部分试点公共文化机构已经完成了理事会架构、制度的制定，但是公共文化机构法人制度在人事、财务方面对于政府部门的依附并没有根本性改变。很多理事会具体运行中的问题需要进一步思考和分析。例如，目前公共文化机构按行政机关的方式运行，最终形成了行政化的组织模式与运行方式，法人治理民主性并没有最大限度地得到体现。理事会与管理层职责权限模糊，法人治理结构中决策层与管理层相混淆，导致按照原来的方式决策，使理事会的自主决策权弱化。目前很少公共机构能够实现常态化的法人治理运行机制，在外部理事不熟悉本单位的具体业务情况下，每年一两次的理事会会议极易流于形式。在实践过程中，各类专业委员会还没有真正建立起来，科学决策的机制还有待健全。大部分试点单位没有单独设立监事会，一般由理事会兼具监督职能，形成了理事会"既做运动员又当裁判"的情形。这些问题都需要在理事会多元主体共治这一目标下探讨解决。

三、管理主体：政府和公共文化机构角色分析

在推进国家治理体系和治理能力现代化过程中，我国政府行政模式开始由单向管理向协商型多元共治模式转型，反映在公共文化服务领域就是政事分离、管办分离和社会参与，这也是对公共文化机构法人治理结构的具体要求。基于顶层设计，推进法人治理结构改革，政府的责任首先应该是制定科学合理的政策，构建系统的法律体系，保证制度发展的稳定性和科学性。应该进一步明晰和理顺相关部委与理事会的关系，举办单位与理事会的关系，理事会与管理层的关系。在充分放权的基础上，使理事会的责权有一个比较清晰的界定，同时按照《关于深入推进公共文化机构法人治理结构改革的实施方案》文件精神指导各公共文化机构修改完善章程，使公共文化机构自主性最大程度发挥。但是，公共文化机构法人治理结构改革是一项综合配套改革，需要多个政府部门共同参与改革，涉及诸多体制机制问题，不是一项孤立的事务。厘清政府与公共文化机构的权责关系，是决定公共文化机构法人治理制度成败的关键。

四、服务客体：公众参与分析

公共文化机构法人治理的一个重要目标就是促进公众的文化参与，仅靠政府和公共文化机构不能完全解决公共文化服务供给问题，公共文化系统有效的治理越来越需要公众积极持续地参与到规划、政策制定、执行和服务供给之中。对公共文化服务来说，公共文化机构需要思考如何同公众及社会组织开展积极合作，实现更高层次的公众参与的目标，这样公众在参与公共文化方面才会有更自主的选择权。这种自主选择权包括个人的文化活动自愿参与原则、文化意识自律等，甚至可以参与公共文化机构相关决策。在这一阶段，相关利益者等组成的文化机构在开展活动的前期、中期、后期都会有相应的公众参与机制，保障公众最大限度地参与其中。

五、配套保障：法治体系建设分析

目前，我国公共文化事业发展迅速，而受政府行政理念、经济发展水平等因素影响，尚未有一个较为成熟、完备、法律效力彰显的公共文化法律制度体系保障公共文化服务持续稳定发展，这也直接影响到公共文化机构法人治理制度的有效实施。《中华人民共和国公共文化服务保障法》填补了我国在文化领域缺乏基本法律的空白，但是距离成为一部在个人因公共利益遭受损失的情况下能够得到救济，从而保障公共文化机构法人治理不偏离既定目标的法律，还有很长的路要走。

第四章　公共利益保障：
目标，而非副产品

公共利益保障作为公共文化机构法人治理制度设计的逻辑起点，既涉及保障的实质内容又包含实现公共利益的动态过程。公共利益的内容会随着时间的推移而变化，从而影响我们的思维方式和行为方式，塑造我们的价值观。基于公共利益的这种可变性，从传统公共行政理论、新公共管理理论、新公共服务理论等多重视角分析公共利益观念的形成，有助于分析我国公共文化机构法人治理过程中公共利益多元诉求冲突等问题。探讨构建法人治理公共利益保障机制过程中，政府、机构、公众应该发挥各自的作用。

目前有关推进公共文化机构法人治理改革的思考多是从政府职能转变和公共文化机构从传统管理方式向现代治理体系转变的治理角度来探讨，其中必然包含保障公众基本文化权益的内涵，但是缺乏公共利益保障的直接表达，缺乏服务视角与公众参与视角，公众对法人治理改革的认知不强，需要将我国公共文化机构法人治理改革的时代命题与公众利益保障充分结合，将对话、参与等观点引入公共文化机构法人治理公共利益保障的讨论中，从而完成公共文化机构法人治理公共利益保护机制的构建。

第一节　公共文化机构法人治理语境下的公共利益

一、公共利益的内涵

公共利益在学术界一直没有达成共识，一些学者从主体方面来界定公共利益，侧重于在主体数量上与私人利益有所区分。王浦劬用共同利益来指代公共利益。他认为共同利益具有公共性、非市场实现性、单一性、相对独立支配性、多重价值复合性等基本特征。①《公共政策词典》将"公共利益"界定为社会或国家占绝对地位的集体利益，而不是某个狭隘或专门行业的利益。一些学者从公共利益内容角度来思考何为公共利益。曾祥华认为，概念的宽泛性，内容的发展性、不确定性，层次的复杂性，导致对公共利益内容做出明确界定十分困难。②李玲玲认为，利益的本质是一种需要，利益是需要的社会形态，需要是利益的主观基础，对主观需要的满足程度也是难以确定的。③

这种存在于公共利益的歧义性和易变性，启发一些学者从规则机制角度来探讨公共利益的内涵。沃尔特·利普曼将公共利益界定为人们在清楚地看到、理性地思考并公平无私地行动的情况下将会选择的东西。霍华德·史密斯认为，公共利益的内容没有我们实现公共利益的方式重要，公共利益是用来决定应该怎么办的一种特殊过程。这种过程论为研究公共文化机构法人治理过程中的公共利益保护提供了一种新的视角。公共利益为社会成员实现其利益提供规则和制度，是一种抽象的存在。它没有固定的内容，因为内容是不断变化的，公共利益只是一种实现公共性目标的一套机制或过程。在这一过程中，价值观、行为准则会被处于当时社会环境的公众普遍接受。在理想情况下，这种机制可以为通过合理合法方式实现的个人利益提供保障。

二、我国公共文化机构法人治理的公共利益特征

意识形态与公共产品相结合的公共文化服务，本身蕴含思想性、艺术性和审美价值，以及必须坚持的社会效益第一的目标，天然带有很强的价值导向功能。公共文化机构法人治理改革既是对公共文化发展进行干预，又通过

---

① 王浦劬.政治学基础［M］.北京：北京大学出版社，2006.
② 曾祥华.必要、困难与前提：也谈公共利益的界定［J］.江南大学学报（人文社会科学版），2009，8（1）：47-52.
③ 李玲玲，梁疏影.公共利益：公共政策的逻辑起点［J］.行政论坛，2018，25（4）：70-75.

一定治理方式的引入,来矫正管理、内容等方面负面现象的具体表现。

基于公共利益过程论的观点,作为一种实现公共性目标的一套机制或过程,在中国特色社会主义语境下,公共利益可以总结为以意识形态为主导,以构建社会主义核心价值观为核心,传递社会正能量,弘扬主旋律,净化社会风气,提高人们的思想文化水平及道德素养,促进社会的全面进步的一个过程。在这一过程中,政府在公共服务中的中心地位不会动摇,但不同的是这一过程是对行政理念否定之否定后的结果,呈现出一种螺旋上升的发展曲线。相较于传统行政,政府虽然也处于政策制定的核心地位,但是这种政策制定以公众充分参与为前提,是建立在为响应公共利益和社会共同价值观而行动的信念之上的。此外,基于公共文化服务的要求和特点,这一过程必然是以无偿性、基本性、公共性、均等性等原则为前提的。

第二节 公共文化机构法人治理过程中公共利益实现的障碍

一、公共文化机构公共利益实现过程中的公私矛盾

公共文化机构在提供公共文化服务的过程中坚持的无偿性、基本性、公共性、均等性等原则在一定条件下必然与个人利益产生矛盾。

例如,公共图书馆是一个专门收集、整理、保存、传播并提供利用文献的科学、文化、教育和科研机构。图书馆通过发展读者、文献流通、阅读辅导、参考咨询、文献检索、读者教育等方式体现自身公共性。目前,学术界公认的公共图书馆公共利益保护体现在以下几个方面:第一,保存人类文化遗产。人类的社会实践所取得的经验、文化、知识通过各种文献保存下来,公众通过公共图书馆得到这些文化知识传承。第二,承担社会教育职能。公众通过对这些资源的加工、处理,完成自身智力的开发。第三,科学情报的互联互通。人类所取得科学最新进展,都可通过图书馆丰富、系统、全面的

第四章 公共利益保障：目标，而非副产品

图书信息资料系统完成传递交流共享。第四，提供文化娱乐。在图书馆服务过程中，必不可少地会对读者个人信息进行收集、分析。图书馆通过对读者阅读次数、利用文献情况、用书偏好等读者留下的信息分析，以便于改进业务工作。从某种意义上来说，这是图书馆为实现长远公共利益而必须经历的一个过程，但是不可避免地会与个人信息保护产生冲突。特别是信息技术发展带来的大数据的运用，传统上个人信息私人利益的属性，正被大数据裹挟的公共利益所排挤。[①] 所以，必须考虑以追求公共利益为名对读者个人信息权利的侵害情形，并设定法律条款对其进行前瞻性保护。目前，《中华人民共和国公共图书馆法》第四十三条对读者个人信息保护做出了专门规定，体现了寻求信息利用和信息保护的考量。

又如，公共博物馆专业性与公共性的矛盾。在公共文化机构中，博物馆因其藏品的独一无二性、脆弱性是与公众相对最为疏离的一种公共文化机构。作为公共机构的博物馆，如何面对和整合内外部资源，有效行使收藏、维护、策展等权利，最终实现公共利益，是现阶段博物馆需要思考的重点。博物馆的专业性体现在对藏品维护和修复专家、策展专家等专门的工作人员的技能要求，这种专业性保证了博物馆能够完成自身的目标使命。然而，这样的专业性决定了博物馆的一些决策必然是单向的，也必然带来博物馆与公众的疏离感。同时，在博物馆运行中，很多问题都涉及博物馆专业性与公共性的利益矛盾。例如，必须考虑怎样明确藏品的权属，怎样代表公众决定哪些藏品可以被博物馆收藏，哪些藏品被排除在外而不对公共利益产生损害；对藏品的维护干涉程度如何把握，在什么情况下启动藏品的维修；博物馆接受捐赠的程度和条件、博物馆接受赞助的控制；基于藏品的公共性，如何平衡各地博物馆对于藏品的陈列需求，如何保证每一个人都平等自由地享有接近、欣赏藏品的途径；基于藏品的公共性，如何使通过衍生品开发获得的收益反馈于公共利益中；等等。此外，展览是博物馆与社会公众沟通最直接的途径，传统的运行规律是，博物馆展出什么类型的藏品，如何展览，很大程度是博物馆策展人等决定的，某种意义上是博物馆决定我们看到的内容。换句话说，

---

① 姜盼盼.利益衡量视角下的读者个人信息保护探究：基于《公共图书馆法》第43条［J］.图书馆建设，2018（12）：44-51.

我们看到的是博物馆展览是经过编排后的解读，这实际上损害了展览内容的公平性。当然，这个问题的提出并不是对博物馆的专业性的质疑，而是应该思考在这一过程中作为公共博物馆所有者的公众如何参与其中。

再如，群众文艺机构全民普及与公众选择的矛盾。与图书馆、博物馆相比，群众文艺机构服务功能更具有综合性。《关于加快构建现代公共文化服务体系的意见》（2015）、《中华人民共和国公共文化服务保障法》（2017）均明确了文化馆为代表的群众文艺机构"全民艺术普及"功能。从广义理解，艺术普及包含文学、音乐、舞蹈等方面知识文化内容。目前来看，大部分群众文艺机构的活动都是由本机构工作人员先进行一轮艺术形式的整理，再借由一定形式进行推广，是一种单向度的推广，群众文艺机构作为全民参与艺术普及的平台并未真正建立，这种缺少公众参与的供给并不能持久。要把想参与的人纳入进来，群众文艺机构不仅是一个向下的出口，还应该是一个向上的接口，具有一种反馈的功能。民间传统艺术和特色文化，民间文化资源的传承，国家级非物质文化遗产传承人、老艺人登记建档，这些怎么与有关的组织对接，怎样推广，发挥他们的价值，也应该是群众文艺机构应该被赋予的责任。在内容选择方面，应该引导公共参与，将真正有生命力的来自群众创造的文艺发掘出来，同时根据社会文化发展的实际需求制定出合理的标准来有效保障特殊人群的文化权利的平等享有权。这些都需要在群众文艺内容的服务提供方面做好群众需求与价值导向的平衡。

二、理事会成员多元利益诉求对公共利益实现的影响

公共文化机构的利益相关者主要包括政府部门、公共文化机构理事会成员、机构工作人员、社会公众等。这些利益相关者会选择最有利于自身利益的行为方式影响公共文化机构的运营，并在这一过程中将公共利益打上自身的标识。

（一）政府偏好倾向可能对公共利益的影响

政府是公共文化机构的出资人，以国有资本的保值增值、公益服务的提供为目标，在公共文化机构管理中具有明显优势地位，在政策制定环节对自

身权益的考虑导致组织行为具有利己偏好,并利用自身优势地位最大化实现自身利益。公共文化机构法人治理弱化了之前的隶属关系,从而使政府的利益实现力量有所减弱,有可能出现一些人一定程度的抵制,尤其是在过渡阶段,政府代表在理事会的话语权比较大,存在行政越位的可能。

在制度设计中,行政主管部门对公共文化机构的监管,从直接管理变为间接管理,从微观管理改为宏观管理。① 实行法人治理后,政府不再直接干预理事会的决策,而是依法依规,通过信息公开、报告等程序实施监督。② 在这样的制度框架下,公共文化机构依法独立开展相关业务活动,按照法律、法规和有关政策的规定对本单位事务进行管理,并按照规定通过年度报告等形式及时向行政主管部门反馈业务开展情况。目前,在实际操作中政府部门代表必须在理事会占有一定数量,体现了试点过渡阶段政府对方向性的把控和考量。但是在试行过程中,政府部门代表如何发挥作用还没有明确,一部分文化机构理事长直接由文化行政政府部门领导或者公共文化机构行政负责人担任,这和政府"简政放权、去行政化"管理的法人治理理念不符。公共文化机构必须体现公益目标这一首要任务,在各种利益博弈中如何体现利益相关方的利益平衡,确实需要制度来进一步完善。

(二)公共文化机构"内部人控制"造成的公共利益价值错位

作为公共文化机构初始委托人的公众,在某种意义上说是虚化的,真正掌握控制权的是原来作为代理人的公共文化机构管理层及单位中的既得利益者。公众和作为出资人的政府监督力度有限、信息沟通不畅,导致单位内部人利用手中的权力和信息优势为自己牟利,就是所谓的"内部人控制"风险。

这种"内部人控制"的风险是委托代理关系产生的一种副作用。如果没有相关制度设计制约,代理人很容易偏离委托人的目标。毕竟代理人与机构并没有天然的联系,只是一种契约状态下的合作关系,短期利益将会给代理

---

① 王静.建立健全博物馆法人治理结构的示范意义[J].博物馆研究,2015(3):13-18.
② 易红,王宁远.公共图书馆法人治理结构现状调查与分析[J].图书馆研究与工作,2018(1):75-80.

人带来很大的吸引力。这样的价值目标的错位，配合代理人在组织运营过程中拥有的信息优势，很容易造成对长远利益价值培育的影响削弱。

建立法人治理结构后，理事会、监事会等架构的搭建将会对内部人控制形成制约，使以往代理人可以轻松实现的利益变得不可能或复杂化，因此会遭到部分既得利益者的抵制。特别是目前理事会专业决策支撑体系没有建立、社会理事积极性不高的情况下，一定程度上会影响理事会职责的履行，影响公益目标的实现。

（三）公众利益多元诉求对公共利益形成的阻碍

基于成长环境、教育水平、个人发展路径不同等原因，公众的利益诉求必然是多元的。在没有共同价值指引的前提下，公众往往只关注眼前的局部利益，无法科学客观地评价公共政策，不利于国家和民族的长远发展。

加勒特·哈丁曾对公共产品供给中的"公地悲剧"问题进行研究。英国曾经试行过"公地"制度，封建主在自己的领地中划出一片尚未耕种的土地作为牧场，无偿向牧民开放。然而，这种无偿性使牧民都尽可能地养更多牛羊，最后导致牧场荒废，大批牛羊饿死。这个案例侧重于说明法律制度的重要性，但是也从侧面反映了公众的自私逐利性。

这种利益诉求的不同，必然带来公众对公共文化服务认识的不同。这种不同使本已经很弱的监督力量分化，进一步削弱了公众对公共文化机构运行的监督，加之目前传统管理方式延续下的公众话语权缺失，给基于社会共同价值观念上的公共利益形成造成阻碍。

第三节　基于对话与参与的公共利益构建

基于上述公共文化机构法人治理过程中公共利益实现的障碍，笔者认为应该从公共利益特点出发，将对话、参与等观点引入公共文化机构法人治理公共利益保障的讨论中，从而形成一种具有公共性的利益保护机制。在这样的机制里,逐渐形成一套被普遍认同的社会集体生活规则。在这套规则下,能做什么,不能做什么,会被处于当时社会环境的公众普遍接受。这样的机制尊重个体的价值,并为个体通过合理合法的方式实现个人利益提供保障。

一、明确公共利益作为法人治理的逻辑起点

文化产品可以提供人文、历史、教育、娱乐、审美等功能,影响人们对国家、民族的认同感和归属感,有利于社会的和谐稳定,本身就具有公益属性。同时,公共文化机构法人治理制度的目的也是公共利益的实现。在这一过程中,公共利益不断被丰富完善,其内涵已经远远超出作为公司法人治理起点时的利益相关者概念。一方面,法人治理制度能够充分体现对公众需求的回应性和前瞻性照应;另一方面,以公共利益为逻辑起点,基于社会共同价值观的公共利益构建可以使公众超越自身利益去关注更大的公共利益,进而采取一种更加广阔、更具长期性的视野了解公共文化事务,从而增强归属感,促进公共文化机构法人治理制度达到既定目标。在这一过程中,公共利益保障作为公共文化机构法人治理的逻辑起点应该进一步明确。

二、促进公共文化机构主导下的对话与参与

基于我国政府与公共文化机构的特殊关系,在法人治理过程中,政府在公共文化服务中的中心地位实际体现在公共文化机构的运作中。在公共文化机构法人治理的公共利益考量中,应将公共利益视为与社区、个人对话的一个过程。公众可以借由这一过程了解政策制定情况并表达意见。在这一过程中,政府和公共机构的角色重要性不会削弱,反而因为这种意见整合使自身变为公众可以充分对话协商的平台,产生更大的影响力,通过意见整合,促成符合各方利益的共同价值观念,并确保这些共同的价值观念符合社会共同的文化价值观,通过法人治理改革使这种共同价值观念能以公平公正的方式获得实施。在这种社会环境下,公共利益可能随着社会环境发展变化,但是只要这种沟通平台能够保持长久生命力,公众强烈的参与意愿就不会消失,实现社会共同利益的价值观就不会产生偏离。

三、保障多元主体参与治理机会均等

从纵向的管理来看，公共文化机构应该承担起政府行政管理权与社会参与权的协调作用。一方面，通过对话反馈，促使政府行政部门在法律框架下，从宏观层面参与公共文化机构治理；另一方面，作为治理主体，为社会公众参与提供尽可能多的渠道。这需要公共文化机构在运行过程中以公开透明的姿态实现群体的文化理解、共识和集体行动。这种沟通协作的过程需要公众拥有一定程度的思考沟通能力，公共文化机构必须扮演培养、协助交流的平台角色。例如，建立与公众利益密切相关事项的公示制度，建立听证会等能够广泛听取各方面的意见的制度，通过信息平台接收公众反馈的制度等。

从公众细分角度来看，包括贫困人口、残疾人等在内的弱势群体缺少有效途径和渠道为自身利益提出诉求。而社会中优势者的利益偏好往往会在公共政策中得到优先体现，这种受优势群体影响的公共政策往往会对其他群体的利益产生损害。因此，作为法人治理主体的公共文化机构，在制定自身目标政策时应向弱势群体倾斜，使其有均等的机会参与到文化治理当中。

四、实现多元治理主体的利益平衡

公共文化机构法人治理强调多元主体共治，而主体多元必然伴随着利益矛盾多元。①公共文化机构要扮演利益整合协调角色，使政府部门、理事会、内部工作人员、媒体、社会公众等利益相关者的利益得到平衡，通过构建基于社会共同价值观的公共利益，使公共文化机构真正实现公共利益保障目标。以公共文化机构法人治理中与政府利益协调为例，在法人治理具体实践中，虽然政府利益与公共利益具有内在一致性，但是也有可能在某些方面与公众利益发生冲突。例如，在试点实践中，浙江图书馆等机构通过在章程列出政府作为举办单位的权力清单，对政府的权力加以限定。②温州市图书馆理事

---

① 常大伟，付立宏.我国公共图书馆法人治理结构建设的内在逻辑、现实困境与实施策略［J］.国家图书馆学刊，2018，27（3）：3-12.
② 李国新.我国公共文化机构的法人治理结构试点［J］.图书馆建设，2015（2）：4-7.

会规定，政府行政主管部门委派理事行使"一票否决权"仅限于不符合法律、法规，不符合相关财务配套规定，不符合相关人事政策三类。这些实践都是对治理主体利益平衡的探索，在公共文化机构法人治理改革深化过程中，需要建立一整套运行机制，使各方的不同利益诉求对公共文化机构运营产生的影响是正向的。

第五章　公共文化机构理事会运行：
多元共治的结构、机制与目标

公共文化机构是法人治理制度的具体执行者，不管实现上一章所探讨的公共利益保障的目的，还是提升公共文化机构服务效能，都需要通过公共文化机构具体执行。公共文化机构法人治理结构从宏观方面可分为决策层、执行层、监督层三个主体，其中又以决策层的理事会为公共文化机构法人治理的核心主体，理事会层面又可以细分为政府主体、公共文化机构主体、社会主体等。法人治理的运行即建立在这些理事会主体相互作用的制度机制中。作为与公共行政有着千丝万缕关系的公共文化机构法人治理，我们对其不能简单理解为一场政府自上而下所做的自我改善的活动，而应从公众参与角度理解法人治理多元共治的意义，理解公共文化机构运行的民主性需求。现有理论对有关责任的阐述都倾向于简单化，传统的公共行政理论中的责任其实是对政府负责，只要政府满意就相当于履行了责任。新公共管理理论阐述的责任则主要从效率、成本收益、对市场的回应性等方面进行评价。而从新公共服务理论看，公共服务的需求和现实责任问题其实非常复杂，对于推动公共文化机构法人治理来说，需要正视这一过程中对法律、社区价值观、政治规范、职业标准、公众利益等复杂因素的综合影响，并对这些复杂因素负责。新公共服务理论认为，实现集体意识，必须提前确立预期目标和行动步骤，这些目标和步骤必须考虑各方的协作。吸收这些理念的合理部分，结合我国公共文化机构法人治理所要达到的扩大社会参与的目的，我国的公共文化机构法人治理改革过程中，不能简单将公共文化机构视为政策执行者的角色，而是应该将其视为一种平台提供者的角色，以理事会为主要平台，使所有利益相关方能够在平等公平的规则下各抒己见，充分表达自己的观点，从而确保公共文化机构自身的开放性和可接近性，并且能够对各方诉求有所回应。另外，要树立一种责任，引导大众重新认识在公共文化服务中的各方权利和责任。

第一节　公共文化机构理事会的组建与运行制度

一、法人治理多元主体共治的架构设计

公共文化机构建立法人治理结构，其实质是在法制框架下构建一种民主、法治、透明、高效的管理体制，明确各参与主体之间的权力分配和制衡关系，达到实现公益目标、保护利益相关者利益的目的。

（一）理事会人员构成与产生方式

理事会的组成体现共同治理原则，从推行法人治理的公共文化机构来看，一般由公共文化机构主管单位、自身代表、服务对象代表和其他有关方面的代表组成。代表政府部门或相关组织的理事一般由政府部门或相关组织委派，代表服务对象和其他利益相关方的理事原则上推选产生。①

根据公开资料显示，首届南京图书馆理事会由14人组成，首届南京图书馆监事会由5人组成。在理事会中，人大、政府代表3名，社会代表6名，馆方代表5名。在监事会中，政府代表一名，社会代表两名，馆方代表两名。②

广东省立中山图书馆第一届理事会由13名理事组成，广东省博物馆第一届理事会由11名理事组成。两馆理事会理事按照"三三制"的原则构成，包括政府部门代表、社会公众代表和馆方代表，其中社会公众代表所占人数最多。③

---

① 祁述裕.建立完善文化事业单位法人治理结构［N］.人民日报，2013-12-06（24）.
② 首届南京图书馆理事会、监事会成立［EB/OL］.（2014-12-04）［2022-01-20］. https://www.mct.gov.cn/whzx/qgwhxxlb/js/201412/t20141202_782227.htm.
③ 广东省立中山图书馆、广东省博物馆成立第一届理事会［EB/OL］.（2015-01-09）［2022-01-20］. https://www.mct.gov.cn/whzx/qgwhxxlb/gd/201501/t20150109_790267.htm.

温州市图书馆经公开招募共遴选出13名理事，其中除本馆两名职工代表外，还包括文化教育界代表3名、工商企业界代表3名、卫生界代表1名、读者代表两名、图书馆志愿者代表1名和温州市文广新局代表1名。①

云南省博物馆首届理事会由15人组成，政府相关职能部门代表（省文化厅、省编办、省财政厅、省人力资源和社会保障厅人员）、社会服务对象代表（企业或社会教育机构、社会公众人士、文博专家、文化企业或博物馆所在地基层组织机构人员）、云南省博物馆管理层和职工代表（馆长、党组织负责人、工会主席、博物馆专家代表、博物馆职工代表）各占1/3。②

宁夏博物馆理事会由11名社会各界人士组成，其中包括政府部门代表2名，馆方代表5名（含职工代表1名），专家代表1名，媒体代表1名，企业代表2名。③

山东省济南市群众艺术馆理事会于2015年3月13日挂牌成立，并举行了第一届理事会大会第一次会议。济南市群众艺术馆理事会理事共13名。其中，政府代表分别从市人社局、市财政局、市文广新局委派1人担任，本单位代表由馆职工代表大会从副馆长、职工代表中各推荐1名，馆长作为当然理事不需要经过推荐产生。在全市20余名申报人员中，由举办单位遴选出资深文化专家、群文专家、律师代表、媒体代表各1名，服务对象代表3名。④

分析公共文化机构理事会机构可以看出，理事会成员结构基本是从政府部门、公共文化机构、社会其他行业/人士代表中选出。理事会成员数量一般为9人至17人，可以兼顾效率和代表性，奇数避免对重大事项表决时出现选票相同的情况，并且公共文化机构社会理事都占多数。对于公共文化机构的管理层是否进入理事会，多数理事会将公共文化机构行政负责人或党委书记作为理事会的当然成员。

---

① 改革发展动态第274期［EB/OL］.（2014-06-19）［2022-01-20］.https://www.mct.gov.cn/whzx/bnsj/zcfgs_bnsj/201406/t20140619_821848.htm.

② 云南省博物馆第一届理事会成立［EB/OL］.（2014-05-04）［2022-01-20］. https://www.mct.gov.cn/whzx/qgwhxxlb/yn/201405/t20140504_791468.htm.

③ 宁夏博物馆理事会正式成立［EB/OL］.（2016-12-23）［2022-01-20］. https://www.mct.gov.cn/whzx/qgwhxxlb/nx/201612/t20161223_793221.htm.

④ 马迎春.艺术馆推行法人治理结构的探索及思考：以济南市群众艺术馆公共文化机构法人治理结构建设试点工作为例［J］.人文天下，2017（12）：73-77.

（二）理事长人选与选任程序

理事长是理事会的最高负责人。目前在理事长的选任上没有统一的标准，一般产生方式有两种：一种是由文化行政主管部门提名任命，另一种是由理事会选举产生。从理事长类型来说，目前我国公共文化机构理事会理事长多是从文化主管部门领导、公共文化机构行政负责人、文化学者、企业家中产生的。

表5-1 部分公共文化机构理事长产生方式与人选

公共文化机构	理事长产生方式	理事长人选
浙江省温州市图书馆	选举	企业家
广东省深圳市福田区图书馆	选举	业界专家
江苏省南京图书馆	省文化厅任命	图书馆党委书记
广东省博物馆	省文化厅任命	广东省文物局副局长
山东省济南市群众艺术馆	市文广新局任命	济南市文广新局分管领导
河北省唐山市丰南区图书馆	区文广新局任命	区文广新局局长
浙江图书馆	选举	企业家
重庆图书馆	市文化委任命	业界专家
山西省朔州市图书馆	市文广新局推荐	文化名人
上海图书馆	市委宣传部任命	文化名人
苏州博物馆	选举	业界专家

（三）监事会的设立

目前，公共文化机构是否单独设立监事会没有统一的规定，《关于建立和完善事业单位法人治理结构的意见》对于监事会设立方面的表述是理事会"可"作为事业单位的监督机构，监督本单位的运行，并接受政府监管和社会监督。

从目前推行法人治理的单位看，大部分公共文化机构没有单独设立监事会，而是赋予理事会一定监督权，既要负责监督理事会自身运行，又要对管理层执行决策层决议事项有关情况进行监督。这种设计一方面是考虑理事会的制度设计已经体现多元治理理念，身份不同的理事在决策时即可进行有效监督，避免"内部人控制"的现象；另一方面也是基于节约成本，避免重复建设的考虑。但是这也形成了理事会总体上"既做运动员又当裁判"的情形，不利于决策、管理、监督这三种权力的制衡。

少数机构建立了独立的监事会，负责对本单位的财务、理事和管理层履行职责的情况进行监督，如浙江省温州市图书馆、山西省朔州市图书馆等。例如，南京图书馆监事会中，政府方代表1名，社会方代表2名，馆方代表2名。外部监事占多数，如何在制度框架内有效地规范和保障监事的责任与权利，将监督层的监督权落到实处，还需要进一步探索。

二、章程的制定和制度建设

法人治理的运行要求最终还是要落脚到规则层面，法规保障与实施细则等系列制度的制定、完善与实施是理事会建设与发展的必要保障，完备的制度才能使法人治理结构下的公共文化机构保持长久的生命力。这就需要公共文化机构管理和运营首先实现"章程化"。章程主要包括规范理事会和管理层的关系，管理层的产生、职责，议事制度，年度报告、信息披露等内容。① 目前，推行法人治理的公共文化机构基本上完成了自身章程的制定。

围绕理事会的运转配套的制度建设应该包括但不限于年度报告制度、信息披露制度、绩效评估制度、决策失误追究制度、公众监督制度、审计制度、党组织建设制度等。这些制度系统规范了理事会和公共文化机构的运行，能够为公共文化机构公益目标的实现、民主运行的需求提供制度保障。从试点情况看，各公共文化机构根据自身实际，进行了符合自身运行需要的制度设计和探索。

浙江公共文化机构章程的制定和制度建设一直走在前列。浙江图书馆作为最早一批试点单位之一，制定的章程具有探索意义，章程主要内容包括总则、宗旨和业务范围、举办单位、理事会、管理层、职工代表大会、服务

---

① 李国新.公共图书馆法人治理：结构·现状·问题·前瞻[J].图书与情报，2014（2）：1-6，9.

对象及服务人员、资产和财务的管理、信息披露、终止和剩余资产处理、图书馆和社会、章程修改、附则等。其章程描述了理事会与单位党组织、职工代表大会、社会之间的关系,明确了读者和工作人员的权利与义务,增加了"服务对象及服务人员、党委、职工代表大会、图书馆和社会"等项目。[①]《嘉兴市文化馆理事会章程》明确其理事会建设是与总分馆建设相结合的模式,以嘉兴市文化馆为中心馆,明确了将分管负责人纳入理事会成员,在制度上把法人治理结构建设和总分馆建设合二为一。[②]

根据《福田区公共图书馆理事会章程》,该理事会不是针对单独法人机构的理事会,而是面向全区公共图书馆服务体系的项目理事会制度。结合福田区总分馆建设发展的实际,制度设计针对全区公共图书馆进行整体设计,制定《福田区公共图书馆年度报告制度》《福田区公共图书馆信息公开制度》《福田区公共图书馆理事会决策失误追究制度》,分别明确了报告的内容、格式、产生程序、发布要求等,奠定理事会运行的制度化基础。此外,福田区公共图书馆还通过《理事会文献资源建设委员会工作规程》《理事会阅读推广指导委员会工作规程》《理事会绩效评估考核委员会工作规程》,明确了三个专业委员会的基本职责、组织规则、权利与义务、工作制度等方面。

《重庆图书馆理事会章程》规定理事会主要职责是审议决定重庆图书馆的发展规划、工作报告、建章立制、财务预决算执行等重大事项,按照有关规定履行监督、绩效评估等方面的职责,详细规定了管理层行使日常业务和人财物管理的相关职责。重庆图书馆理事会的一个特点是在理事会下设秘书处,设在市文化委公共文化服务处,具体负责理事会的日常工作。此外,该章程还明确了理事会建立后的党组织关系问题。理事会建立后,重庆图书馆的党组织设在重庆图书馆的行政管理层面,党委架构和组织关系不变,行政管理层的班子成员由市文化委党委直接任免改为市文化委党委提名、按章程规定办理任免,党委委员任免依然保持原有任免程序。在制度建设方面,2016年,

---

① 王相华.公益性文化事业单位法人治理结构建设的浙江实践[J].文化艺术研究,2016,9(3):22-30.
② 王相华.公益性文化事业单位法人治理结构建设的浙江实践[J].文化艺术研究,2016,9(3):22-30.

重庆图书馆通过理事会会议，相继讨论修订了《重庆图书馆理事会决策失误追究制度》《重庆图书馆信息公开制度》《重庆图书馆工作评价制度》，旨在加强重庆图书馆理事会制度建设，推动法人治理依法进行。重庆图书馆理事会将理事会的常设工作机构秘书处设立于图书馆之外，提升了理事会工作的独立性和监督的有效性。定期开展或委托第三方独立开展对图书馆的工作评价，根据工作评价结果，履行决策和监督职能。此外，制定《重庆市文化委下发理事会权利清单》和《重庆图书馆理事会权利责任清单》，从制度上明确举办单位、理事会、管理层各自的责权范围，落实理事会的决策监督职能，强化理事会运行的实效性和规范性。

《上图情报所理事会章程》明确了上海图书馆上海科学技术情报研究所理事会的定位是决策咨询和监督管理机构，确立了理事会组织架构，行使对上图情报所发展战略、规划、重大发展项目和改革举措提出意见和建议等10项基本职权。

《温州市图书馆章程》赋予理事会图书馆建设发展规划、大项经费开支、薪酬分配等事项的决策权；在人事管理、财务管理等方面的规定都比较细化，如明确理事会可以提名图书馆馆长、副馆长人选；对需要理事会审批的项目数额和采购数额也做出具体规定。

《苏州博物馆理事会章程》明确苏州博物馆理事会是业务决策、运营咨询和监督机构，履行的职责主要包括理事会职位的任免、苏州博物馆章程的制定和修订、理事会议事规则的建立，并且明确了理事会与苏州博物馆学术委员会的关系。《湖南省博物馆章程》制定于2014年，早于理事会成立的时间，但是其中规定了理事会（或管委会）是博物馆的决策权力机构，规定了理事会的组成条件、理事长的选任条件和程序，并且在章程中明确了理事会的基本职能是审定基本的管理制度和重大决策事项。在制度建设方面，博物馆通过公开途径披露不多，苏州博物馆规定以1年为周期提交财务工作总结及计划，每半年提交业务工作总结及计划，1000万元以上的重大文物征集、100万元以上的年度重点展览等事项需要经过理事会审议决定。浙江省博物馆理事会成立的消息中提到通过了《浙江省博物馆理事会议事规则》，但是相关内容目前没有渠道能够查询。

山东省济南市群众艺术馆从理事会运行到管理层业务管理,均制定了完善的制度配套。在理事会运行方面,该馆制定了《济南市群众艺术馆理事会工作报告制度》《济南市群众艺术馆信息公开制度》《济南市群众艺术馆理事决策失误追究制度》《济南市群众艺术馆绩效评价制度》等相关配套制度。在管理方面,该馆编制了《济南市群众艺术馆工作制度手册》,完善了《济南市群众艺术馆岗位工作绩效考核实施办法》《济南市群众艺术馆专业技术人员竞聘上岗办法》《济南市群众艺术馆考核暂行办法》《济南市群众艺术馆奖励性绩效工资分配方案》《济南市群众艺术馆中层干部竞聘上岗实施方案》等一系列激励考核制度。此外,该馆还制定《济南市群众艺术馆财务管理制度》《济南市群众艺术馆财务审批制度》《济南市群众艺术馆业务活动外请人员劳务费暂行规定》等财务管理制度。①

分析以上公共文化机构章程的制定和制度的设计,在章程设计方面,基本包含理事会的职能定位,少数公共文化机构章程涉及理事会和举办单位权责的梳理,基本上对本单位理事的选人程序和规则进行了规定,大部分单位章程都涉及资产和财务的管理、信息披露等方面。在制度设计方面,目前大部分推行公共文化机构法人治理的单位明确了制度的内容和方向,但是不少单位刚起步,很多制度还在讨论、修改阶段,一些具体实施的制度往往是直接套用法人治理之前的制度,没有根据法人治理特殊要求制定符合理事会民主运行的保障制度。总体来看,在形式层面,公共文化机构法人治理的章程化、制度化进程正在推进和完善。下一阶段需要根据目前法人治理运行表面化、形式化的问题研究具体对策措施。

第二节 理事会制度的几种地方特色实践

公共文化机构法人治理结构改革不是一项单纯的业务工作,而是涉及公

---

① 马迎春.艺术馆推行法人治理结构的探索及思考:以济南市群众艺术馆公共文化机构法人治理结构建设试点工作为例[J].人文天下,2017(12):73-77.

共文化机构管理体制和运行机制改革的系统工程。国内外的经验都已经证明，法人治理结构建设需要与地方经济社会发展水平、文化工作基础和不同公共文化机构的功能、特点、规模相适应。因此，深入推进公共文化机构法人治理结构改革实现方式要坚持因地制宜，实施方案提出要立足实际、分类指导，避免"一刀切"。近年来，除了常见的一馆一理事会的模式，一些地方也在探索联合性理事会的模式。例如，以深圳市福田区图书馆为代表的图书馆总分馆联合理事会，浙江台州首创基层公共文化综合体法人治理制度，四川省遂宁市尝试建立文化馆、美术馆、博物馆、图书馆四馆联合的理事会，这些地方实践也为公共文化机构法人治理结构改革提供了有益思路。

一、总分馆联合理事会

以深圳市福田区图书馆为代表，广东省部分公共图书馆探索建立起图书馆总分馆联合理事会。图书馆总分馆联合理事会是全区公共图书馆的决策监督机构，负责确定全区公共图书馆的发展战略和发展规划，对区、街道、社区等三级公共图书馆的经费预算、重大运营事项和重点活动项目进行决策，对各图书馆的运营情况进行评估考核，形成了"理事会+总分馆"的治理模式。福田区在全区公共图书馆理事会框架下，理顺街道、社区图书馆的用人、运行、管理机制，全面整合全区公共图书馆的人财物资源，实现总分馆的"五统一"。①

福田区公共图书馆理事会项目小组在理事会筹备之初，就明确了进行理事会制度设计必须针对全区公共图书馆进行整体设计，促进全区公共图书馆事业的整体发展，制定《福田图书馆开展理事会制度改革试点实施方案》，起草了《福田区公共图书馆理事会章程》及相关配套制度草案。《福田区公共图书馆理事会章程》明确："福田区公共图书馆理事会是福田区公共图书馆（福田区、街道、社区三级公共图书馆服务体系）的议事、决策和监督机构，负责确定全区公共图书馆的发展战略和发展规划，行使福田区公共图书馆重大事项议事权、决策权和监督权。理事会对福田区公共文化体育发展中心负

---

① 广东省文化和旅游厅.广东省公共图书馆法人治理结构改革调研报告（2019）[R].广州：[出版者不详]，2019.

责。"该章程还明确了理事会的基本职责、理事会的组成与产生、理事的权利与义务、理事长与执行理事的职权、理事会议事规则、专业委员会与咨询委员会设置规则、责任追究制度等重要内容。因此，该理事会不是针对单独法人机构的理事会，而是面向全区公共图书馆服务体系的项目理事会制度，其覆盖范围、行使职能具有区域性。

"理事会+总分馆"的新模式，使来自各行业的理事成员能够站在不同利益群体的角度充分发表意见，街道办及文化站负责人也能参与全区公共图书馆事务的决策讨论，由此搭建了一个社会化共同治理平台，也调动了基层政府机关对街道、社区图书馆工作的关注、支持和积极配合。理事会成立之后，将原来分属于街道文化站、社区工作站等部门管理的100多家基层图书馆纳入理事会框架下进行统一管理和调配，以理顺街道、社区图书馆用人、运行及管理机制，全面整合全区公共图书馆人财物资源，使总分馆结构更合理，体系更优化，管理更高效。这既避免了多头分级管理的弊端，也充分调动各级图书馆的积极性。[①]虽然受全区公共图书馆现行管理机制及现实架构的制约，理事会的决策在社区图书馆层面也存在一些执行难的问题，但是这种探索对福田区基层公共图书馆管理体系创新机制具有很大的作用。

二、多馆联合理事会

2016年12月，四川省遂宁市文化体制改革和发展工作领导小组审议通过《遂宁市博物馆遂宁市图书馆遂宁市文化馆和遂宁市美术馆法人治理结构试点工作方案》（遂文改〔2016〕5号）并印发执行，试点核心是建立联合理事会制度。[②]

试点期间，遂宁市文广新局组织市博物馆、市图书馆、市文化馆、市美术馆参照中央编办印发的《事业单位章程示范文本》（中央编办发〔2012〕11号），结合遂宁实际，制定"四馆"联合理事会章程，具体规定联合理事会的

---

① 深圳市福田区委宣传部（文体局）.区域性公共图书馆服务体系的法人治理结构探索与研究：以深圳福田为例［R］.深圳：福田区图书馆，2016.
② 杨文辉，王纲.法人治理新探索：联合理事会制度——以西部遂宁市文化体制改革为例［J］.四川图书馆学报，2018（1）.

职责、目标任务、会议制度、理事的产生方式和任期、管理层的职责和产生方式等，明确联合理事会和各馆管理层的关系。"四馆"联合理事会章程草案由联合理事会审议通过，并报经市文广新局批准后，报遂宁市事业单位登记管理机关核准备案。

联合理事会的类型是决策监督型，"四馆"联合理事会依照国家法律法规及有关政策和理事会章程开展工作，接受政府监管和社会监督，对遂宁市文广新局负责。联合理事会参与各馆发展规划、重大业务、章程拟订和修订等决策事项，并监督各馆运行。"四馆"联合理事会一共由19名理事组成，遂宁市文广新局、财政局、人社局各委派1名代表，四馆代表理事6名，由馆长和职工代表组成，同时向社会招募10名社会理事。四馆的理事长由遂宁市文广新局局长担任。理事长和执行理事按干部管理权限报批或备案，依照"四馆"联合理事会章程规定和有关程序任免。

遂宁市博物馆、市图书馆、市文化馆和市美术馆分别设立管理层，由各馆行政负责人和其他管理人员组成，独立自主履行日常业务管理、财务资产管理、工作人员管理等职责，定期向联合理事会报告年度工作计划、半年和年度工作执行情况、重大事项等。各馆干部任免按现行干部管理规定和程序办理，但是重大事项需要提交联合理事会研究决策。

"四馆"联合理事会制度依然存在较多不容忽视的问题，但是作为西部经济欠发达地区公共文化机构法人治理的创新实践，仍然具有十分积极的借鉴意义。

三、基层公共文化综合体法人治理制度

2014年，浙江以农村文化礼堂为代表的基层综合性文化服务中心建设被文化部确定为全国试点。之后，以农村文化礼堂理事会负责制为代表的基层公共文化综合体法人治理制度建设，在浙江省台州市基层推开。①

在选举层面，理事会负责制成员经过民主公推直选产生，整合了社会力

---

① 浙江台州首创基层公共文化综合体法人治理制度［EB/OL］.（2015-04-01）［2022-01-25］. https://www.mct.gov.cn/whzx/qgwhxxlb/zj/201504/t20150401_785940.htm.

量，使文化志愿者、乡村大使、社工、其他社会资源和社会力量广泛参与到基层文化礼堂管理和运行之中。在体制层面，理事会设理事长一名，下设常务副理事长一名，常务副理事长由副理事长按季轮值，按季轮值制度让百姓参与活动有了比较，这样轮值的常务副理事长有了压力，而压力又变为动力，使整个文化活动处于合力推进之中。在管理层面，理事会设立乡村大使驻堂制度，理事会负责招募一名或若干名乡村大使长期驻守在文化礼堂，并在条件成熟的文化礼堂开设"乡村文化大使工作室"，发挥乡村大使作为理论政策宣讲员、社情民意收集员、社会舆论引导员、乡风文明传播员和文化活动指导员作用。在制度层面，订立一套符合基层实际的管理制度，有理事会章程、理事会工作职责、理事会工作制度、理事会组织机构、乡村文化驻堂制度、理事会工作评价等。

在创新方式上，除了上述介绍的几种理事会制度创新，还有很多内容方面的创新。例如，温州依托当地民间经济发达、企业家乡土观念深厚的特点建立基金会，支持当地公共文化机构法人治理实践。广东省部分公共图书馆组建起了无政府有关部门代表的理事会等。这些实践案例与地方经济社会发展水平、文化工作基础和不同公共文化机构的功能、特点、规模相适应，回应了深入推进公共文化机构法人治理结构改革实现方式要坚持因地制宜的要求，对进一步深化公共文化机构法人治理结构改革积累了宝贵经验。

第三节 透明、民主、法治的共治机制的构建

作为与公共行政有着千丝万缕关系的公共文化机构法人治理，要在多元共治的框架下充分体现其民主性，不仅需要从宏观方面理顺决策层、执行层、监督层三个主体的权责关系，还需要从微观层面理顺作为法人治理核心主体的理事会中的政府、公共文化机构、社会等组成主体的权责关系，在此基础上建立分工明确、科学合理的决策架构，最后通过完善制度设计，确保理事会运行需求落实到位。

一、理顺理事会与其他主体权责关系

法人治理与原来的治理模式有根本区别。在实践过程中,不能简单地拿来主义,更不能直接在原来组织架构上做加减法。理事会是法人治理的核心,承担公共文化机构决策和监督职能,不仅要与政府和社会公众进行有效沟通,还要在内部治理方面理顺与其他主体之间的关系,在法制框架下构建一种民主、法治、透明、高效的管理体制。要认识到法人治理机构中监督层的重要作用,不能仅从成本考虑就将其职能赋予理事会,应该建立完整的决策层、执行层、监督层的结构体系,使内部各主体相互制衡,从而达到实现公共利益和民主运行的目的。需要强调的是,理事会的主要职责应该集中在宏观层面,不涉及具体的日常工作。① 具体的日常工作由管理层按照理事会决议独立承担,对理事会负责。同时,可探索建立秘书处和专业委员会作为理事会与管理层沟通的桥梁。监督层作为法人治理结构的监督机构,需要避免与理事会和管理层的交叉任职,从而保证其公正性、独立性。

(一)在党的领导下提升治理能力

明确法人治理结构中加强党的领导的实现方式,对确保我国公共文化机构法人治理改革不偏离正确方向、不放松意识形态工作责任、鲜明体现法人治理改革的制度优势和中国特色至关重要。因此,建立法人治理结构必须在坚持和加强党的建设的前提下实现体制机制创新。《关于深入推进公共文化机构法人治理结构改革的实施方案》明确了加强党对公共文化机构的领导的原则,提出了落实党组织在法人治理结构中地位的实现方式。

1.明确党建责任

公共文化机构章程是法人治理结构的制度载体和理事会、管理层的运行规则,也是有关部门对事业单位进行监管的重要依据。目前公共文化机构在章程中有专门章节阐明党建责任的仍然不多,对如何确保党组织在法人治理结构改革中的领导地位也大多欠缺具体描述。下一步应该加强对章程制定的

---

① 王天泥.法人治理:公共图书馆治理转型的制度设计——基于行政型到社会型的社会组织治理转型视角[J].图书与情报,2015(2):51-56.

指导，在章程中突出党建责任，特别是对党组织的地位、党组织在重大决策、党风廉政建设、选人用人等方面的职能加以明确。

2.完善双向进入，交叉任职机制

中宣部、文化部等七部门联合印发的《关于深入推进公共文化机构法人治理结构改革的实施方案》提到了"双向进入，交叉任职"，但在实践层面，对如何实现这一要求还没有具体描述。要通过这种制度理顺管理层人事管理自主权和"党管干部"原则的关系，通过理事会、党组织主要成员一体化，让党组织的意志体现在理事会决策中。同时，对于设立监事会的公共文化机构，纪委委员在监事会的作用也应通过相关程序予以明确。

3.丰富基层党组织建设手段

改革后的公共文化机构，在丰富基层服务型党组织建设上借助外部理事大有可为。如服务对象代表进入决策层，更便于基层党建沟通群众、服务群众，宣传和推广党的政策。外部理事来源广泛，可促进不同类型基层党组织之间的交流与学习，双方可从实际出发探讨党支部间结对共建的新途径。通过学习研讨、联系互访、志愿服务、文体联谊等途径和方式开展共建活动，充分发挥基层党组织的重要作用。

（二）理顺理事会与政府部门的关系

公共文化机构建立法人治理结构是管理体制和运行机制的改革。以往的试点实践表明，没有相关联的人事体制、财务体制、管理体制的配套衔接改革，理事会制度只能是流于形式。理事会是法人治理结构的核心，保障理事会有独立决策空间是建立法人治理的根本，是实现政府与公共文化机构之间管办分离、政事分开的必要条件。公共文化机构成立理事会后，上级主管行政部门决策应改为理事会决策，但是在实际操作中，我国公共文化机构目前依然遵循现有的政府财政拨款体制和事业单位人员编制体制，政府仍然掌握公共文化机构的人财物的权力，限于现行人事管理体制、财政管理体制，理事会无法真正实现独立决策，更多情况下是一种针对具体事件议程的审议。例如，针对理事长的选任，目前大多数试点单位理事会的理事长是由文化行政主管部门提名任命，人选一般为文化主管部门领导或是公共文化机构行政负责人。这种情况下,理事会的决策权实际是不完整的,可能出现议而不决的现象,这也解释了为何在法人治理改革初期会出现咨询型理事会的现象。此外,法人治理的建立需要打破原有的事业单位行政级别,对于原来有编制的公共文化机构人员来说,法人治理涉及的人事改革可能会打破业已形成的荣誉感和稳定预期,已经习惯行政级别体系管理模式的人员需要有一个适应改革需要的阶段过程。

在下一步的改革中,需要改变上级行政主管部门和理事会在一定程度上的职能重叠交叉的情况。通过人事体制、财务体制、管理体制的配套衔接改革,让理事会的决策权真正落地。在落实人事管理自主权方面,要明确"三自主一推动",即公共文化机构按照国家法律法规、有关规定和章程,自主决定本单位的内部机构和岗位设置,自主制定公开招聘工作人员方案和竞聘上岗办法,自主组织人员聘用和竞聘上岗工作,推动符合条件的公共文化机构按照职称评审权限自主开展职称评审。在扩大收入分配自主权方面,首先,应该赋予公共文化机构内部绩效工资分配自主权,明确在核定的绩效工资总量内,绩效工资分配向关键岗位、高层次人才、业务骨干和取得突出成绩的工作人员倾斜。其次,与《中华人民共和国公共文化服务保障法》有关"优惠"服务的规定相衔接,明确公共文化机构开展优惠服务取得的收入,可以用于设施维护、管理和事业发展。再次,落实国务院办公厅转发的文化部等四部门联合印发的《关于推动文化文物单位文化创意产品开发的若干意见》(国办发〔2016〕36号)的精神,明确公共文化机构文化创意产品开发取得的各类收入,可用于加强公益文化服务、藏品征集、继续投入文化创意产品开发,以及对符合规定的人员予以绩效奖励等。最后,给予公共文化机构一定的资金统筹配置权,进而进一步激发公共文化机构开展法人治理结构改革的积极性。

(三)理事会与管理层的职能应该有明确的区分

根据制度设计,理事会与管理层的职能应该有明确的区分,理事会主要在宏观层面对公共文化机构运行进行决策[①],日常工作由管理层按照理事会决

---

① 王天泥.法人治理:公共图书馆治理转型的制度设计——基于行政型到社会型的社会组织治理转型视角[J].图书与情报,2015(2):51-56.

议独立自主履行。目前多数试点单位理事会将公共文化机构行政负责人或党委书记作为理事会的当然成员，部分公共文化机构如南京图书馆由党委书记担任理事长，这种情况考虑了目前我国公共文化机构法人治理改革的现实情况，有利于改革的推进，但是这种情况也一定程度上模糊了决策层与管理层的界限。在现实情况中，一些理事会实际上做了很多应该由管理层负责的工作，一些文化机构也出现将原来的管理层理事会化的现象，这实际上反映了目前理事会的权责定位仍未理顺的问题。

（四）强化监事的监督作用

从内部监督角度看，监事会是法人治理结构改革的重要组成部分。监事会负责对本单位的财务以及理事、管理层人员履行职责的情况进行监督。在实践中，越来越多的公共文化机构开始重视监事的作用，设置独立监事或监事会，但目前政策上没有强制性规定，仍然有很多公共文化机构理事会没有设置，一定程度上出现了对决策层和管理层内部监督的缺失。深化公共文化机构法人治理，应该把监事作为法人治理结构改革的必然机构，向举办单位负责，负责监督决策层和管理层履行职责情况。

从外部监督角度看，作为公益性机构，公共文化机构管理运行公开是应有之义。实施法人治理后，理事会在公共文化机构运行中起关键作用，也掌握很大的权力。除了公共文化机构内部的监督外，如何对其进行外部监督，试点单位中并没有做太多探索实践。从实际情况来看，目前对公共文化机构进行监督和评价的权力依然掌握在政府部门手中，延续了以往以行政管理为核心的内部化考核评价机制。下一步，应该加强公共文化机构行业组织等外部第三方机构、社会公众等评价监督途径。

二、建立分工明确、科学合理的决策架构

（一）不同类型公共文化机构理事会组成各有侧重

公共文化机构服务的内容各有侧重，需要在理事会组成方面突出特色，考虑自身业务发展需求，合理确定理事会的人员构成与比重。

目前公共文化机构理事会成员结构基本是从政府部门、公共文化机构、社会其他行业人士代表中选出，而且基本固定在9人至15人，同质化现象比较突出。公共图书馆、群众文艺机构、公共博物馆等典型公共文化机构，在主管部门、服务受众等方面有相似之处，但是毕竟服务的内容各有侧重。例如，公共图书馆的理事会需要重点处理图书馆馆藏、设备的使用，博物馆需要重点考虑展品的维护、藏品的捐赠等方面，而群众文艺机构则需要重点考虑文艺演出的受众需求度，等等。因此，需要在理事会组成方面突出特色，考虑自身业务发展需求，对于博物馆这种专业性和资源要素突出的机构，理事会成员应该向业内专家、捐赠者代表倾斜，而不必达到图书馆或文化馆中服务对象代表理事的比重。

目前的章程制定虽然对理事会成员选任程序和条件也有涉及，但大多过于宏观，需要在考虑不同类别公共文化机构差异的基础上，制定细化的理事选任条件，从而可以结合自身特长，为决策提供多元化意见。要根据不同类别公共文化机构的职能性质，制定科学合理、公开透明的筛选机制和选任准则。公共图书馆主要承担收集、整理、保存文献信息，并提供查询、借阅等相关服务，开展社会教育的功能。理事会成员应该向文献专家、图书情报管理、读者代表相对倾斜，从而发挥公共图书馆功能，保障公众基本文化权益。博物馆展出内容具有不可再生的特点，需要重点考虑展品的维护、藏品的捐赠等方面，因此理事会成员应向捐赠者、文物保护专家、布展专家倾斜，鼓励更多的捐赠和投资，可适当减少普通群众代表比例。而群众文艺机构则需要重点考虑文艺演出的受众需求，除了热心公益的表演艺术家外，群众文艺机构的理事会组成要向群众有所倾斜。

（二）建立决策支撑的专家委员会

社会各界代表加入理事会，共同参与公共文化机构管理的意义显而易见，但也必须考虑专业性因素。随着公共文化服务高质量发展的要求和文化体制改革不断推进，公共文化机构运行面临的环境也日益复杂，理事会必须根据具体的业务，形成完善科学的决策支撑体系。

当前我国公共文化机构在组织架构，特别是理事会的搭建中缺乏专业委

第五章 公共文化机构理事会运行：多元共治的结构、机制与目标

员会的决策支撑，社会理事占多数的情况下，虽然考虑了利益相关方的诉求，但是并不能打消外界"外行领导内行"的疑虑。在目前的试点单位中，一些机构对于专业委员会决策支撑进行了一些尝试。例如，深圳市福田区公共图书馆理事会下设了阅读推广指导、文献资源建设、绩效评估考核三个专业委员会，三个专业委员会按照各自专业属性的工作规程正常运作，确保理事会科学决策。山西省朔州市图书馆也做了专业委员会的尝试，理事会下设公众服务委员会、学术研究委员会、人事薪酬委员会、财务管理委员会等4个专业委员会。[①]苏州博物馆建立理事会制度后，原来的学术委员会继续保留，对苏州博物馆的科学研究进行专业指导。但总体上看，在实践过程中，各类专业委员会在数量、质量等方面难以满足公共文化机构决策需求，相关配套机制也有待完善。

从建设专业咨询委员会的机构实践来看，咨询委员会可以起到以下几个作用：一是辅助理事会决策。理事代表大部分是非本领域的政府代表或社会公众人士，要在保证决策专业性的前提下又不能仅听取管理层的"一面之词"，咨询委员会的意见就显得尤为重要。理事会可根据本馆特色，在资源建设、受众服务、活动推广等方面成立专业咨询委员会，辅助决策。二是扩大法人治理结构改革知名度。目前，社会上对公共文化机构实行法人治理结构改革还是知之有限。成立不同特色的咨询委员会，依托他们以理事会的名义开展各类研讨、论坛、讲座等活动，可以扩大理事会的知名度与影响力。三是为更好地物色理事人选提供桥梁。通过成立咨询委员会，更能发现对公共文化事业有持久热情的社会人士，为更广泛地物色理事人选打下基础。四是丰富法人治理结构改革的内涵和外延。法人治理结构改革，本质上是让利益相关方进入决策层，实现各方的多元共治。但理事会受到人数限制，对利益相关方的吸纳能力有限。专业咨询委员会的主要职能是为理事会决策提供专业意见，在意见拟定的过程中可以更广泛地收集社会公众意见，接触社会公众。此外，由于理事会的决策权有明确的职能范围，什么内容纳入理事会决

[①] 樊霞.公共图书馆法人治理结构体系建设初探：以朔州市图书馆为例[C]//全国中小型公共图书馆联合会，中国知网·中国知识资源总库编委会.全国中小型公共图书馆联合会2015年研讨会会议论文集：二.北京：[出版者不详]，2015.

策有明确规定。但成立专业咨询委员会，管理层可以把非理事会决策职能范围的内容纳入咨询范围，扩大理事会改革的外延。①

深化公共文化机构法人治理专业咨询委员会建设，一方面可以加强对理事的履职培训，加强理事会成员的专业化水平；另一方面应借鉴国际成功经验，在理事会下设立专业委员会或专门小组发挥决策的咨询顾问作用，具体可包括基础业务委员会、人事管理委员会、财务管理委员会等。这些专业委员会或专业小组一般可由相关领域专家组成，这种组成方式较灵活，可以最大限度发挥不同专业视角的咨询作用，又不占用公共文化机构的岗位编制，但也要考虑专家委员会的激励机制，确保专家委员会能发挥实质作用。

三、完善制度设计，确保理事会运行需求落实到位

完善的制度设计可以理顺理事会与管理层、监督层的关系，促进公共文化机构民主运行，同时可以使理事决策、管理层协调公共利益与职工利益时有法可依。

（一）建立健全理事激励约束机制

从现状看，理事履职保障机制还不健全。首先，作为代表各自利益群体的社会理事如何实现其代表的群体利益诉求并没有相关机制，甚至选出的社会代表能否代表各自利益群体的利益也尚有疑问。调研发现，绝大部分理事履职时间比较少，参与管理的形式也相对单一，主要通过参加理事会会议对公共文化机构建言献策发挥作用。在已成立理事会的公共文化机构中，大部分一年仅召开1次理事会会议。此外，因理事会成员来自社会各界且大都在本行业有一定影响力，担任公共文化机构理事均为非受薪兼职，本职工作非常繁忙，抽空参加理事会会议不易，对理事会履行其决策和监督职责带来一定影响。其次，缺乏理事荣誉机制的建立，而且对于理事在决策中出现失误是否追责、如何追责、由谁追责等问题目前仍没有达成共识。值得注意的是，各地方公共文化机构理事会建立运行至今，理事会履行否决权的情况鲜有发

---

① 广东省文化和旅游厅.广东省公共图书馆法人治理结构改革调研报告（2019）[R].广州：[出版者不详]，2019.

生,公开资料中也几乎查询不到决策失误的惩处案例。这种实践中和和气气、无惩无奖的现象某种程度上也是理事会运行形式化的一种表现。

要改善这种情况,需要健全机制,完善理事考核、激励制度。

首先,应建立约束机制。制定理事会履职细则,细化理事在决策、讨论、表决时的制度规范,对审议管理层执行情况也应制定评估、质询等细化的流程和要求。同时,要制定理事退出机制、回避机制等,督促理事依法有效行使理事权利。《关于深入推进公共文化机构法人治理结构改革的实施方案》规定,对理事会和理事的监督评价由举办单位进行。有关部门应尽快出台关于理事考核评价的指导意见,再由各省市出台具体考核办法。而在考核结果的运用上,政府方代表和本馆代表的考核结果应能够反馈到本职工作的考核中。只有具备一套完善的评价考核制度,理事履职才能有依据可循,才能让人信服。

其次,应建立激励机制。目前公共文化机构法人治理试点单位理事均是不授薪职位,一些公共文化机构在章程中明确理事会成员属于社会公益职位,不接受任何形式的薪酬补助。在荣誉机制没有建立的背景下,理事会正常履职一定程度上要依靠理事个人的热情与自觉,这种情况明显是不可持续的。

再次,应该在薪酬分配机制方面有所创新。在解决理事基本交通、食宿费用基础上,可探索薪酬制度。目前不设立薪酬制度,除了公益目的外,主要考虑保持理事的中立性。但是在完善监督层的前提下,理事主要职能集中在决策方面,中立性的考虑实际意义已经不大。在英国,公共文化机构普遍是授薪的,理事会主席的薪酬可以达到3.7万英镑,较低标准也可以达到0.91万英镑。

最后,要在增强理事荣誉感方面下功夫,宣传理事的社会价值并建立荣誉机制,以激发其履职热情。目前理事的社会荣誉机制不健全,人们对此普遍缺乏了解,参与社会事务治理的愿望不强烈导致担任理事的动力不足。《中华人民共和国公共图书馆法》第十二条规定,"对在公共图书馆事业发展中作出突出贡献的组织和个人,按照国家有关规定给予表彰和奖励",为理事的荣誉授予提供了法理依据。《关于深入推进公共文化机构法人治理结构改革的实施方案》也提到,要"通过荣誉激励、评价考核等办法,充分调动理事履职的积极性"，应尽快建立理事荣誉制度，并加大对荣誉的宣传推广，使荣誉真正发挥激励作用。同时，对理事的荣誉授予应是普遍性荣誉与稀缺性荣誉兼备。只要成为理事，特别是非委派类的社会理事，就可授予相应的荣誉。同时，针对理事中的优秀群体再给予进一步精神嘉奖，明确价值导向，强化荣誉的激励作用。可效仿英国等国家做法建立国家荣誉制度，根据贡献的重要程度进行评级，政府根据候选人的成就、服务、勇气等标准给予国家奖励，以此鼓励社会力量参与公共文化治理与服务。[①]同时，完善理事荣誉制度，还必须与建设理事考核评价制度同步进行。评价考核的结果是授予荣誉激励的重要依据，荣誉激励也反过来为评价考核提供佐证。

（二）完善配套制度，确保理事会规范运行

完善配套制度是促进公共文化机构法人治理健康发展的重要依托，可以增强工作的可预见性，为公共文化机构各项工作开展提供制度依据。根据试点情况，一些配套制度已经相继建立，但是失之于散，失之于粗。以议事规则为例，会议是理事会决策监督职责的主要载体，但是目前大多数公共文化机构没有细化的会议制度。例如，缺乏理事在决策、讨论、表决时的制度规范，对于审议管理层执行情况也缺乏评估、质询等细化的流程和要求，导致实际的决策权还在主管部门或管理层手中，理事会的决策监督职能沦为一种形式。此外，目前理事会和公共文化机构民主运行保障的具体制度与实际需求还有较大距离。例如，信息公开制度应该公开哪些信息，向谁公开，怎样公开；年度报告需要报告哪些内容，以什么形式报告，这些都尚待完善。下一步要做好各项制度的有效衔接，形成系统完备的制度体系。公共文化机构要根据不同类型、自身特点和发展要求制定或完善相关制度，实现管理的科学化、制度化和规范化。

1.细化理事会议事规则

理事会决策要自觉遵循民主科学的决策原则，这也是理事会民主、公开运行的内在要求。应细化会议定期或非定期召开的次数、条件要求，细化理

---

① 肖容梅.我国公共图书馆法人治理结构建设现状与分析[J].国家图书馆学刊，2014，23(3):22-28.

事会重大表决事项的人数要求和回避原则，细化理事会议决策后的执行衔接流程。保证理事会决策自主有效，避免沦为举举手的形式化过场。

2.落实基本公共文化服务标准制度

《中华人民共和国公共文化服务保障法》建立了基本公共文化服务标准制度，要求从中央到省、地、县各级政府制定和公开基本公共文化服务标准目录。公共文化机构要在本地实施条例的基础上，制定理事会参与细化和完善标准目录的原则、要求与方法。

3.完善年度工作报告制度

年度工作报告是公共文化机构介绍全年工作情况的文件。编写报告时应能够真实、全面反映年度总体运行情况，特别是理事会的运行情况。同时，要对完善年报内容、提高年报质量、创新年报覆盖范围等提出原则要求，对年报编制和公开的时间、方式、载体、途径做出具体规定，方便社会监督。

4.探索重要信息披露制度

法人治理制度的一个重要理论基础是委托代理理论，解决委托代理矛盾首先要解决信息不对称的问题。进行重要信息披露，对出资人来说能够增进对公共文化机构的了解，对社会公众来说可以提高其参与感，激发公众参与热情。进行信息披露时，要注意方式、方法的选择，探索定期和非定期披露相结合，内部披露与外部披露相结合等方式，形成多元主体共治的氛围。

5.细化公众参与的公共文化评价制度

《中华人民共和国公共文化服务保障法》建立了有公众参与的公共文化设施使用效能评价制度、公众参与的公共文化服务考核评价与反映公众文化需求的征询反馈制度。目前政府主导的考核评价是政府对公共文化服务机构的常态化监管方式，理事会相关配套制度重点应就公众参与的途径和方式，以及公众意见如何吸收到考核结果中，做出具体规定。

6.创新公共服务导向下的监督机制

通过设立监事会（或独立监事）完善理事会内部监督，是加强社会监督，拓展社会公众参与公共文化机构运作和监督的渠道，是建立内外结合的监督新机制，是监督理事会正确决策和推动管理层落实执行决策、高效管理运营的有效手段。进行监督机制设计时，应将民主运行的价值纳入评价指标之中，使之成为指导公共文化机构运行的一项重要标准。在内部监督方面，要保证章程规定的理事会运行机制得到不折不扣的执行，对理事乱作为、不作为等现象要有细化的奖惩标准。在外部监督方面，应该形成全方位、多角度的监督体系，包括政府部门依法依规监管和社会公众依法监督。特别是公共文化机构作为公益性事业单位，服务的对象是社会公众，来自社会的监督就更显重要。除上文提到的年度工作报告、信息披露制度外，还应鼓励公众发挥主体作用，探索行业同行互律，形成机构自律、行业监督在内的多元监管体系，将民主性需求落到实处。

四、加大创新力度，探索不同类型理事会模式

目前，国内公共文化机构理事会还是以单独型理事会，即一馆一理事会为主。要进一步扩大社会参与度，从更大的层面上实现多元共治，应该探索纵向上的总分馆型理事会和横向上的公共文化机构联合型理事会的可能性。

从一些探索总分馆型理事会的机构看，把法人治理结构改革和总分馆制度改革结合起来，吸纳镇街代表加入理事会，把分馆选址、资源调度等交由理事会决策，既可以充实理事会的决策职能、保证决策的权威性，扩大理事会知名度；也可以通过理事会实现公共文化机构与不同方面力量的合作，真正实现利益相关方的共同决策。

在横向上，理事会可以考虑向文化和旅游融合方向发展或与其他公共文化机构组成联合型理事会。在文化和旅游融合发展的背景下，各类公共文化机构应该结合自身特点优势，推动文化和旅游融合发展的专业实践。利用法人治理结构改革的架构优势，在理事会下设立文化和旅游融合专业咨询委员会，广泛邀请旅游行业专家、旅游爱好者等参与，为公共文化机构提供旅游专题信息服务提供专业意见，在充分发挥公共文化机构专业优势下实现文化和旅游融合。

第六章　行政角色：从管理走向治理

文化治理是国家治理体系里"更基础、更广泛、更深厚"的治理形式，与其他治理形式相互联系、互相作用。文化建设作为国家五位一体总体布局的一个方面，决定了文化治理在国家治理体系中的重要地位。探索推进公共文化机构法人治理改革是政府职能转变的重要内容，是以保障公众基本文化权益为制度和政策设计出发点的制度创新，也是公共文化机构从传统管理方式向现代治理体系转变的积极探索。立足中国国情，建立中国特色公共文化机构法人治理制度，利用文化自身发展规律和社会功能，调动各方积极性，实现社会有序运转，是坚定新时代中国特色社会主义文化自信的重要体现，更是构建现代文化治理体系的国家需要，对繁荣发展社会主义文化具有重大而深远的战略意义。

政府行政体系与市场体系是当今社会影响力最大的两股力量。其中，政府公共行政与公共管理体系在公共文化服务供给中具有不可代替的作用。无论在哪种治理模式中承担何种角色，透明、负责任的政府在公共文化服务体系建设中都不可或缺。

根据2021年1月1日起施行的《中华人民共和国民法典》第八十七条、八十八条规定，目前我国公共图书馆、群众文艺机构、公共博物馆等公共文化机构属于民法上的事业单位法人。这些公共文化机构根据"三定方案"确定机构、编制和职能。根据2004年6月27日修订的《事业单位登记管理暂行条例》相关规定，事业单位由国家事业经费负担，其职能为政府任务的移转（委办）。目前，我国公共文化机构一般是文化行政单位的下属机构，决策权力属于政府主管部门；人员依据《事业单位人事管理条例》等人事法规聘用；每年按照财政部门规定的要求编制年度预算，经主管部门审核汇总后报财政部门。

公共图书馆是政府依法设立，由国家负担绝大部分经费，从事典籍收藏、阅读服务、信息交流等公益事业的法人，依法独立享有民事权利和承担民事义务。《中华人民共和国公共图书馆法》（2017）明确国务院文化主管部门负责全国公共图书馆的管理工作，地方行政区域内公共图书馆的管理工作由地方人民政府文化主管部门负责，所需经费由本级政府列入预算。从各地方性法规和规章内容分析，公共图书馆的管理方面，均明确行政上受当地文化主管部门的领导，实行馆长负责制。例如，《贵州省县级图书馆工作条例》第十六条规定，县级图书馆要单独建制，行政上受当地文化主管部门的领导，业务上接受上级图书馆的指导。《深圳经济特区公共图书馆条例（试行）》第二章第五条明确了图书馆主管部门及主管部门履行的具体职责。《北京市图书馆条例》第四条、《河南省公共图书馆管理办法》第四条、《上海市公共图书馆管理办法》第六条等均对此做出明确规定。

《博物馆管理办法》详细规定了博物馆取得法人资格的条件。文物行政部门在法律规定的范围内行使博物馆的设立审核、变更审核、年检、藏品备案与监管等。《博物馆条例》（2015）也明确了国务院文物主管部门和县级以上地方人民政府文物主管部门的职能分配。在人事方面，在国有文博系统，干部的管理任命均由上级部门统一负责，博物馆管理层并没有决定权。在财政方面，公共博物馆属于全额拨款事业单位，其运行经费均由中央和当地财政予以支出，列入本级财政统一预算支付。

群众文艺机构的法律性质目前并不清晰，一些地方综合服务中心承担一部分文化馆的职能。依据《群众艺术馆文化馆管理办法》（1992）第九条规定，艺术馆和文化馆是国家设立的全民所有制文化事业机构。群众艺术馆是组织、指导群众文化艺术活动，培训业余文艺骨干及研究群众文化艺术的文化事业单位，也是群众进行文化艺术活动的场所。文化馆是开展社会宣传教育、普及科学文化知识、组织辅导群众文化艺术（娱乐）活动的综合性文化事业单位和活动场所。党的十八届三中全会明确提出"建设综合性文化服务中心"的改革任务，并且明确政府在其中起主导作用。一些地方通过立法明确了其主管部门。《上海市公共文化馆管理办法》（1997）第五条明确了上海市文化局和各区（县）文化行政部门的职责划分。《浙江省文化馆管理办法》

（2009）第六条明确，县级以上人民政府文化行政管理部门主管本行政区域内的文化馆工作；第十七条规定，文化馆实行馆长负责制；文化馆的重大事项应当经馆务会议讨论决定。《天津市文化中心管理办法》（2011）第五条、第六条也分别明确了其主管部门和工作职责。

第一节 政府推进和指导下的公共文化机构法人治理实践经验

建立和完善公共文化机构法人治理结构，是国家管理逻辑向治理逻辑转变这一历史进程在公共文化服务领域的具体体现。在政府职能转变背景下，怎样解决现有人事、财政体制与公共文化机构法人自主权之间的矛盾，是公共文化机构法人治理能否取得突破的关键，否则法人治理结构改革只能是虚有其表。从目前公共文化机构管理体制看，法人治理结构建设涉及各相关主管部门，除了主管单位，还有人力资源和社会保障、财政、机构编制等相关部门。① 除了举办单位主动放权，还需要相关部门大力配合。目前，我国公共文化机构法人治理初步形成政府从直接管向间接管，从微观管理向宏观调控，从行政管理向法治管理转变的总体思路。

一、制度推行从指令到指导的转变

我国法人治理是自上而下开展的改革。在这一过程中，不仅不能排斥政府在促进公共文化机构发展中的作用，还要强化这种作用。不同的是，政府的行为方式开始由过去的直接下指令变为指导性的行政方式。

（一）确立理事会改革的政策基础

我国公共文化服务体系建设的历史逻辑是更加强调以方针政策的主导

---

① 周晓梅，李学经.事业单位构建法人治理结构的探索与思考：以广东为例［J］.中国行政管理，2015（7）：6-10.

性，更加突出制度层面的体系性，以此带动体系建设理念的时代性、服务实践的开放性。其突出特征就是根据不同时期公共文化服务的特点和民众对公共文化服务的需求，制定有针对性的公共文化服务政策。作为我国公共文化服务体系建设的重要一环，公共文化机构法人治理改革也体现了这一特点。

广东将分类改革与法人治理结构一体化推进，通过《广东省事业单位分类改革试点指导意见》《广东省事业单位分类改革的意见》等政策文件保障实施，为公共文化机构试行法人治理提供政策支持，将行政审批制度、编制政府权责清单等改革与事业单位法人治理配套改革同步推进，为理事会独立决策开辟了空间。深圳市福田区政府修订《深圳市福田区公共图书馆管理办法》，明确政府主管部门、理事会、区图书馆、街道办及社区工作站在公共图书馆建设中的责任与义务，建立健全福田区公共图书馆人员管理、经费来源，以及使用、完善总分馆管理制度，细化岗位职责、业务流程，构建规范化、标准化、程序化的运行管理制度，保障福田区公共图书馆理事会改革向纵深发展。2016年，温州市在文化广播电视新闻出版局的协调下，市财政局、市人力资源和社会保障局、市机构编制委员会办公室四家单位联合印发了《关于进一步深化温州市图书馆法人治理结构工作的意见》，明确理事会各项管理权限，在人权、财权、事权方面为温州市图书馆法人治理改革清除障碍。

（二）指导公共文化机构运行实现"章程化"

从目前阶段来看，公共文化机构运行"章程化"很大程度上是在政府指导下推动的。在政府一体推进和指导下，试点单位普遍完善了法人治理章程，完成组建工作机构、制定筹建方案、拟订理事会文件等工作，最终的实施方案报举办单位审批后，严格按照方案制定理事会章程，然后通过章程规范理事会和管理层的关系、运行机制，以及建立年度报告、信息披露、公众监督、决策失误追究、绩效评估等法人治理的基本制度。浙江图书馆通过章程列出政府作为举办单位的权力清单，对政府的权力加以限定。[①]重庆图书馆制定《理事会决策失误追究制度》《信息公开制度》《工作评价制度》等制度，推动

---

① 李国新.我国公共文化机构的法人治理结构试点[J].图书馆建设，2015(2):4-7.

法人治理依法进行。2016年，在文化部专家指导下，济南市群众艺术馆制定完善了《济南市群众艺术馆章程》《济南市群众艺术馆理事决策失误追究制度》等相关配套制度。广东省博物馆也制定了《广东省博物馆章程》《广东省博物馆理事会议事规则》等文件。

二、人事管理制度改革从身份管理向岗位管理转变

在人事管理方面，公共文化机构的人事管理制度改革遵循分类、递进原则。从试点来看，公共文化机构人事制度改革的基本方向，由行政管理转变为法治管理，从传统的身份管理为主转变为岗位管理为主。

根据《关于进一步深化温州市图书馆法人治理结构工作的意见》，温州市图书馆理事会参与图书馆馆长、副馆长人选推荐提名和年度工作考评，理事会由企业家代表担任理事长，主管部门选派1人担任特别理事，理事会章程赋予其在某些条件下拥有一票否决权。此外，理事会负责中层岗位竞聘和任命，以及其他一般人事招录工作。深圳市福田区公共图书馆将原有基层图书馆工作人员由分散管理统一到由理事会进行监督管理，员工的考核工作由福田区公共图书馆理事会或其下设机构主持实施。考核结果与任用、奖惩挂钩，并作为续聘、解聘、奖惩的依据，逐步实现基层全员绩效考核、竞争上岗，完善馆员队伍激励机制。山西省朔州市图书馆把编制和政府购买服务岗位限额一并纳入岗位设置范围，变固定用人为合同用人，由身份管理变为岗位管理。在济南市人力资源和社会保障局配合下，济南市群众艺术馆自身制定了《济南市群众艺术馆专业技术人员竞聘方案》《量化赋分细则及标准》《绩效工资考核办法》等，完成了全馆专业技术人员（43名）竞聘上岗工作，并与每位专业技术人员签订了《岗位目标责任书》。竞聘工作强化了全馆业务人员的竞争意识和责任意识。以上各项工作的开展体现了政府在转变职能方面做出的努力，对济南市群众艺术馆法人治理试点工作产生了积极影响。[1]广东省博物馆通过不断完善绩效评价体系，进一步明确各部门和岗位职责，打破只能上不能下的观念束缚，全面实施中层干部和专业技术岗位的竞争上岗和聘任制

---

[1] 马迎春.艺术馆推行法人治理结构的探索及思考：以济南市群众艺术馆公共文化机构法人治理结构建设试点工作为例［J］.人文天下，2017（12）：73-77.

度；提升沟通能力，畅通本馆各部门的沟通协调，提高工作效率；全面推行专业技术岗位竞争上岗和考评制度；以信息化技术为支撑，建成人力资源管理信息化管理平台。

三、扩大公共文化机构的财务自主权

推进法人治理要求政府相关部门进一步扩大公共文化机构的分配自主权，由理事会决定经费的使用，形成向优秀人才和重点岗位倾斜、灵活多样而富有弹性的分配激励机制。而从过去的财务管理机制看，政府部门对公共文化机构的财务管理卡得比较严，从预算到拨款的各个环节都体现了政府主导作用。随着公共文化机构法人治理的推进，公共文化机构在财务管理中的作用显得越来越重要。过去公共文化机构的财务管理基本是"记账式"管理，扮演的是一种被动执行的角色。而法人治理要求公共文化机构充分利用财会信息参与公共文化机构的经营活动决策和管理，从"事后监督"转变为"事前预测"和"事中控制"，发挥好财务部门的管理和监督职能。

深圳市福田区明确运营经费管理主体及经费调整依据，每隔三年或五年按本区经济发展状况及财政收入增长情况适当调整。区核批的总额统一核拨给区图书馆总馆，由总馆统筹管理、合理分配使用，完善福田区原有基层图书馆后续运营经费的下拨方式，保障基层图书馆经费"专款专用"。温州市图书馆理事会除了享有一般的财务权限外，还负责推进和规范"温州市图书馆事业发展基金会"，可制定、修改基金会章程和内部管理制度，审议基金会项目的资金使用，决定基金会重大业务活动计划，参与基金会内部事务的管理权等。广东省博物馆理事会章程规定理事会对于财务的管理职责包括：审议和批准本馆的财务预决算，审议和批准本馆内部薪酬分配方案，负责筹措本馆事业发展资金。除积极争取上级加大财政经费投入，增加本馆的运行经费外，还要拓宽社会资金来源渠道，利用理事会、基金会等广泛吸纳社会支持，多方筹措经费；积极争取财政专项和其他重大项目支持；建立经费使用监督机制；注重经费使用效率，增强预决算管理和各年经费的动态调整。

第二节 政府作用的巩固与完善：从划桨转向掌舵

长期以来，各级公共文化机构都是文化行政部门的下属事业单位，一定程度上被视为国家文化决策的执行机构，财政体制、人事体制等基本参照政府机关建立，使公共文化机构带有明显的科层制垂直管理模式的印记。从传统公共行政理论下的政府主导角色到新公共管理理论下的"企业家"角色，不难看出我国公共文化机构法人治理政府角色转变路径在一定程度上与之有相似之处。新公共服务理论则为我们提供了这样一种视角。当我们思考治理制度时，政府的角色应该从划桨者转向掌舵者，从更宏观的层面将服务理念融入公共文化机构法人治理改革过程中。

一、寻找政府意识形态管理与服务理念的平衡点

公共文化承载着一个群体的价值认同，这个特点决定了公权力必然会通过各种方式介入影响文化的内容和发展。文化一方面被作为治理的工具，通过意识形态的控制实现统治阶级的意志；另一方面又被视为治理的对象，通过文化政策对文化发展进行干预，并且通过一定治理方式的引入来矫正管理、内容等方面的负面现象。目前党的宣传系统的工作目标经历了计划经济时期文艺为意识形态宣传服务，到改革开放后为经济建设服务，再到新时期将文化视为国家"软实力"的转换，但是这并不影响党在公共文化机构法人治理中的核心地位。公共文化机构法人治理在我国意识形态语境下，需要坚持意识形态前置并确保意识形态主体对公共文化生活的影响力。但是建立法人治理结构后，主管部门不再直接管理公共文化机构，如何找到政府意识形态管控与赋予理事会自主权的平衡点是公共文化机构法人治理改革的一大挑战。

从理论层面看，我国的公共文化机构法人治理改革从理论到实践总体来

看属于马克思主义治理话语体系,包含诸多中国特色社会主义意识形态的内容,而包括新公共服务理论在内的诸多研究范式大多基于西方治理话语体系。要想在公共文化机构法人治理中取得理想效果,需要探索政府意识形态管理与服务理念的平衡点。

(一)以长远视角思考政府定位

目前,政府和公共文化机构关系的矛盾主要集中在管理向治理过渡层面。从实践层面看,目前面临的瓶颈短期内很难突破,必须以一种长远宏观的视角来思考未来政府和公共文化机构之间的关系。我们思考公共服务治理制度时,应该更加关注各方利益的表达,通过发挥对话协商的平台的作用,促成符合各方利益、符合社会主义核心价值观的共同价值观念,并且确保这些共同价值观念以公平公正的方式得以实施。

(二)理顺政府在公共文化机构法人治理中的地位

从试点来看,公共文化机构都完成了法人治理结构形式上的组建,但是目前资金注入、运行和发展规划的主体依然是各级政府相关部门,公共文化机构运行普遍存在行政化的现象,管办不分、监督机制不健全等问题依然普遍。按照规划设想,理事会负责本单位的发展规划、财务预决算、重大业务等战略决策权力,并切实落实监督职责。根据法人治理的框架结构,原有涉及人、财、物、业务发展等方面的政府各相关职能部门的具体管理权限应充分下放,充分保障执行层的自主权,确保执行层按照理事会决议自主履行日常业务管理、财务资产管理、人力资源管理、绩效分配等职责。但是在现实操作中,由于没有法律制度的刚性约束,也缺乏具体的应该向理事会移交的管理权限清单,一些主管部门很难主动放权。进一步推进法人治理结构改革,需要在这些方面有所探索,政府的责任首先应该是制定科学合理的政策,构建系统的法律体系,保证制度发展的稳定性和科学性。进一步理顺相关部门与理事会的关系,举办单位与理事会的关系,理事会与管理层的关系。在充分放权的基础上,使理事会的责权有一个比较清晰的界定,从而推动法人自主权落地。

（三）充分发挥协调、整合作用

公共文化机构法人治理是一项系统工程，涉及政府部门多，公共文化机构主管部门应该充分发挥协调作用，争取编办、财政、人力、社保等部门的支持，推进人事、财政税收、养老保险等配套衔接制度。可以从全民参与理念入手，探索将行政主管部门的职权由原来的行业管理转变为行业指导。

我国公共文化系统条块分割的现实状态，客观上也需要政府部门推动资源整合，应该以公众参与为中心，着力发展区域性公共文化服务网络，探索联合服务转型。[①]突破政策制定中供给导向短缺问题，探索将公共图书馆、博物馆、群众文艺机构等整合为公共文化服务中心等做法。

二、进一步探索公共文化机构人事管理自主权的实现形式

公共文化机构法人治理结构改革是一项综合配套改革，需要多个政府部门共同参与改革，涉及诸多体制机制问题，不是一项孤立的事务。一直以来，人事制度管理的矛盾是制约公共文化机构法人治理推进的主要障碍之一。从目前一些地方公共文化机构人事制度改革实践可以看出，干部管理任命依然受限于政府人事管理制度，虽然一些机构，如温州市图书馆理事会参与图书馆馆长、副馆长人选推荐提名和年度工作考评，但这种做法目前只是少数。省级以上图书馆没有一个将此项职责赋予理事会，普遍做法是管理层行政负责人由行政主管部门提名，理事会审议批准，按干部人事管理权限任命。因此，目前绝大多数公共文化机构将普通岗位人事聘用作为人事改革的突破点。

从职工角度考虑，建立法人治理结构后，政府与理事会之间通过委托代理关系，将管理层的人事提名或审议权、重大事项决策权交给理事会，某种意义上削弱了其一些权限，跳出实行法人治理的宏观背景，原来直接相关的政府管理层并没有积极推动改革的动力。而对于公共文化机构原有编制人员来说，实行法人治理结构后，这些人员的身份变化及用人机制、薪酬分配与

---

① 高宏存.文化治理深化与公共文化机构法人治理建设［J］.学术论坛，2018，41（1）：128-134.

社会保障机制都会不同程度带来冲击。因为在传统体制下，公共文化机构原有编制人员沿用的是干部身份，工资待遇、社会福利、退休养老等均参照国家机关管理方式，某种程度上已经形成身份优越和相对稳定的保障预期。随着法人治理结构改革的不断深化，能上能下、能出能进的改革方向必然会对他们的利益带来冲击。[①] 外部理事的增加也会增加原有工作人员"外行人管内行人"的忧虑。这些因素均导致法人治理结构改革内在动力不足。

（一）把握基本方向，明确人事程序

公共文化机构人事制度改革的基本方向，是由行政管理转变为法治管理、从传统的身份管理为主转变为岗位管理为主，进一步扩大公共文化机构的人事自主权。《关于深入推进公共文化机构法人治理结构改革的实施方案》谈到要明确相关方的职责，具体到哪个层面，需要更为明确的表述。就人事权来说，目前全国很多地方文化和旅游部门作为举办单位既有向理事会下放提名权的，也有下放审议权的，还有下放任免权的。这是各地结合自身实际，在党管干部的前提下做出的个性探索，但因各地不统一，以后这些干部在不同领域不同层级之间调动，容易与不同地区组织部门的规定产生冲突，增加协调成本。在下一步改革中，应从国家层面明确相关人事程序，明确理事会的人事权责清单。

（二）以健全聘用制度和岗位管理制度为重点

目前，一些公共文化机构尝试由单一编制用工向多种用工形式转变，由传统的身份管理向岗位管理转变。例如，山西省朔州市图书馆尝试打破编制及聘用人员身份界限，实行同工同酬的分配方案，在政府控制人员总量的前提下，将各种职位统一纳入岗位设置范围。这些尝试丰富了公共文化机构法人治理人事改革实践，为深化公共文化机构法人治理人事改革奠定了基础。根据各地实际，进一步健全聘用制度和岗位管理制度应成为现阶段重点实践方向。

---

① 肖容梅.我国公共图书馆法人治理结构建设现状与分析[J].国家图书馆学刊，2014，23（3）：22-28.

在理事会组成方面，产生理事的过程要规范、公开、透明，同时要完善理事的进入和退出机制。在具体岗位聘用方面，应给予公共文化机构按照需求自主聘用，面向全社会竞聘的权力，同时设定准入标准，在任职资格、聘用条件、考核标准等方面做出具体规定。①

（三）将人员专业化水平考核与激励作为主要着力点

与用人机制密切相关的是激励机制，因此人员专业化水平考核也是本轮公共文化机构人事改革的一个主要着力点。温州市图书馆理事会参与图书馆新进员工招聘的全部流程，深圳市福田区公共图书馆员工的考核工作由福田区公共图书馆理事会或其下设机构主持实施，考核结果与任用、奖惩挂钩，并作为续聘、解聘、奖惩的依据。广东省博物馆通过全面实施专业技术岗位竞争上岗和考评制度，以信息化技术为支撑，建成人力资源管理信息化管理平台。这些改革是在一个限定框架下做出的限定调整，但也为将来人事制度改革积累了经验。

在深化改革过程中，应进一步扩大收入分配自主权，积极促进按劳分配和按生产要素分配两种方式的有机结合，在薪酬激励上留住人才，同时推进社会保险制度改革等配套保障，减少人事改革阻力。

三、从"记账算账"转向积极的财务管理

我国公共图书馆、博物馆、群众文化机构等职能定位于公益性的文化事业，其事业发展经费主要依靠财政投入。"十五"规划以来，财政对图书馆的投入稳步增加，公共图书馆机构基本实现在全国范围的覆盖；中央财政连续几年安排公共文化机构免费开放专项资金，提升公共文化机构服务能力。近年来，国家将群众文化事业纳入公共文化服务范畴，对群众文化机构的建设非常重视，新建了许多基层的群众文化机构。这些机构的事业发展经费，也主要依靠财政投入。②但是，随着人民群众精神文化需求不断增长，公共财

---

① 韩业庭.让理事会成为"当家人"：以法人治理结构改革激发公共文化机构活力[N].光明日报，2017-09-19（7）.

② 赵颖.我国文化事业财政投入研究[D].大连：东北财经大学，2013.

政已经越来越难以满足公共文化机构投入的需要。一直以来，社会资金无法参与公共文化建设的问题也日益突出。实行法人治理以来，一些单位探索建立公共文化基金运作，但是整体上传统财政收支两条线的状况没有发生根本改变。

为了破除事业单位的"大锅饭"的观念，公共文化机构的财务管理应该由被动转向主动，由过去单纯的记账式管理转向积极的财务管理。从政府角度来说，应该引导公共文化机构的财务管理由"事后监督"转变为"事前预测""事中控制"。在投入方式上，改革传统的行政拨款"先见钱后谋事"的现象，建立"以事定费"机制，实现由"养人"向"养事"的转变。[①]有些适应公众需要的文化活动具有即时性特点，无法提前预算，但是受财政划拨程序所限，这类文化活动往往难以实施。在防止公共文化机构滥用公共资源和保持效率之间，应该探索合理的制度平衡机制。

（一）强化绩效审计体系的构建

我国公共文化机构对财务预算没有自主权，也无权审计，预算拨款条目很具体，专款专用。以"农家书屋工程专项资金"为例，中央财政对专项资金的使用范围和安排原则做了明确规定，明确专项资金不得用于农家书屋管理人员的工资、福利性支出等。[②]又如，在目前的财政体制下，博物馆的文物征集等相关经费都是按照项目进行拨款和核算的。[③]而理事会制度要求管理层必须按照理事会的决议独立自主履行财务资产管理。随着改革的推进，政府公共文化的财政支出应该把重点放在文化事业财政投入绩效审计体系的构建方面。[④]在文化财政投入绩效审计指标维度设计方面，应该充分考虑公共利益要素，将指标的权重设置置于社区、公共利益等更广泛的框架体系之中考虑。

---

① 李国新.我国公共文化机构的法人治理结构试点［J］.图书馆建设，2015（2）：4-7.
② 财政部，新闻出版总署.关于印发《农家书屋工程专项资金管理暂行办法》的通知［EB/OL］.（2008-06-21）［2022-02-02］.http://jkw.mof.gov.cn/zhengcefabu/201108/t20110829_589594.htm.
③ 王静.建立健全博物馆法人治理结构的示范意义［J］.博物馆研究，2015（3）：13-18.
④ 陕西省审计学会课题组.试析我国文化事业财政投入绩效审计［J］.现代审计与经济，2013（2）：10-11.

在绩效审计实践中，应根据不同公共文化机构类型对指标有所取舍，准确把握公共文化机构财政投入的关键评价环节，更全面、更科学地设计绩效指标。最后，科学运用财政资金绩效审计结果，逐步建立与绩效审计结果相衔接的财政投入资金预算安排和分配管理机制。

（二）优化分配机制

从试点公共文化机构工资制度分析，当前自主分配的绩效工资额度不高，岗位工资根据年限调整的现象普遍存在，薪资均等化的现状没有从根本上打破，对机构员工特别是新进员工激励不足。[1]

公共文化机构收入分配制度改革和人事制度改革相辅相成，应该坚持按劳分配和按生产要素分配相结合。按劳分配方面，要使收入与岗位、绩效挂钩；按生产要素分配方面，要依据工作人员的知识、技术、管理等生产要素进行分配。公共文化机构在建立法人治理结构的一个题中应有之义就是探索打破"大锅饭"，充分发挥工资分配激励、约束作用等实现方式。[2]

（三）拓宽经费来源渠道

第一，应该鼓励公共文化机构利用博物馆、图书馆、文化馆等公共文化资源进行文创产品开发，扩大经费来源。目前，一些政策法规虽有鼓励性条款，但是可落地性不强，其中以博物馆文创产品开发最具代表性。《博物馆条例》（2015）规定，国家鼓励博物馆通过合法经营收入巩固博物馆发展资金，增强博物馆发展能力。但在具体操作上，文创产品开发带来的经济效益属于国有资产增值，要全部上缴本级非税收管理部门，图书馆的信息咨询收入、群众艺术馆的社会捐赠也是这种情况。此外，在政府主导的评价体系下，这种经营存在被问责的风险，这种权利和责任不对等，很容易导致机构不作为。[3]文创产品开发收入是公共收入，重点不在于该不该参与市场竞争，而在

---

[1] 王相华.公益性文化事业单位法人治理结构建设的浙江实践[J].文化艺术研究，2016，9（3）：22-30.
[2] 李国新.我国公共文化机构的法人治理结构试点[J].图书馆建设，2015（2）：4-7.
[3] 祁述裕.文化文物单位管理体制创新的重要抓手[J].上海文化，2016（6）：10-13，124.

于这笔收益如何使用；不管用于反哺公共目标还是用于个人分配，重点是要建立系统的管理机制和监督机制。公共文化机构在确保公益目标前提下，可以开展文化创意产品开发，取得的收益按规定纳入本单位预算统一管理。在符合相关财务管理制度前提下，应给予公共文化机构一定的资金统筹配置权。

第二，应该鼓励吸收更多社会资金进入公共文化事业领域，拓宽经费筹集渠道，扩大民间资金投入比例，从而提升经费规模，为文化事业的发展提供强有力的支撑。同时，对于这些募集来的社会资金和私人捐助款项、文创衍生品收益，政府应该引导公共文化机构建立完善的基金运行机制，确保这些资金反哺公共文化建设。在这方面，国外相关成熟的经验可供参考。

在英国，文化投资的社会集资渠道是多元的，除了政府渠道的资助外，还会向社会集资，典型的做法是发行彩票筹集文化基金。除此之外，英国还专门对企业投资于文化遗产保护事业进行被称作"配套投入制"的制度性设计：企业第一次投入资金时，政府同时给予等额投入；企业再次投入时，政府也将给予加倍投入，以此鼓励企业对文化遗产保护事业的支持。

在法国，中央和地方各负担公共文化开支的一半。为缓解财政的资金压力，法国充分发挥民间社团数量庞大的优势，委托民间社会组织管理，有效保护了许多文化遗产。

在美国，国家艺术基金会、各州艺术理事会等机构作为独立机构进行文化活动的运作。政府对公共文化资助较少，但是得益于完善的税收政策，大部分资金来自社会捐赠。政府通过法律制度设置等级制度限定、对青少年保护等条款，约束文化艺术活动，控制文化活动的内容与方向，同时将有限的财政资金放大很多倍。

第七章　公众参与：自身文化权益的实现与更广泛社会责任的承担

本章从文化服务客体角度研究我国公共文化机构法人治理的公众参与，以上章节从治理者角度分析了我国公共文化机构法人治理需要解决的问题。然而，作为公共文化服务的接受者，在这一过程中发挥的作用至关重要，但在一种程度上，公众参与在我国公共文化机构法人治理中是一个薄弱环节。

第一节　公共文化机构法人治理的目的是公众参与

一、作为公众权利的公共文化服务

对公众权利适当角色和责任的认识可以追溯到古希腊哲学。亚里士多德在《政治学》中提出，公民在工作中可以获得自身最完美的人性。基于人的主动性、社会性和道德性，人们试图达到更高的目的，并为此进行自决。英国近代政治理论家波考克（John Pocock）认为，西方政治思想中公民权概念的历史可以被视为现实、人与物之间一种"未完成的对话"。现代对公民权的理解可以从两个不同方面加以考察：一种是由法律体系规定的公民的权利和义务；另一种理解则更为宽泛，认为公民权包括公民的权利和责任。在实现这种权利与责任的过程中，他们的身份是什么并不重要。本章探讨的公共文化服务领域的公众参与基于后一种观点。

公共文化机构法人治理的本质意义在于保障公众自由民主地参与社会公共事务管理的权利。《中华人民共和国宪法》第二条第一款、第三款、第三十五条等条款为公共文化机构建立法人治理机构、吸纳社会各方代表共同参与公共文化机构法人治理，提供了宪法依据。[①]现代公共文化服务除了具有满足大众日常文化娱乐需求的功能之外，还承担着"文化福利"的价值，保证公共文化服务的均等性是现代公共文化服务的基本理念。[②]所谓均等性并不是指绝对的平均主义和单纯的等额分配，而是在强调城乡、区域、居民之间对公共文化产品具有均等的享有机会的前提下，通过有效的制度安排，实现各地人民享有公共文化的基本权利。而均等化并不是抹杀人们的需求偏好，强制性地让人们接受等样等量的公共文化产品，而是在尊重人们自由选择权和需求差异的基础上，满足人们的多种文化需求。

二、参与不是手段，而是目的

在公共文化服务提供过程中，因为仅靠政府和公共文化机构不能完全解决公共文化服务供给问题，公共文化系统有效的治理越来越需要公众积极持续地参与到规划、政策制定、执行和服务供给之中，这种由供给方的思维方式推导出来的结论很容易把公众参与理解为一种工具。但是从培养社会共同文化价值观的认同感和责任感的要求出发，在法人治理框架下，公众参与应该是法人治理的核心目的之一，从这个角度出发才能实现让公众不仅关心自身文化利益，更能关心更大范围的社区，愿意为社区和邻里的公共文化利益需求承担责任。如果法人治理能获得公众的广泛参与，就会促进公众对相关文化问题的理解。

---

① 申庆月.公共图书馆法人治理结构的法律依据研究[J].图书馆建设，2015(3)：8-12.
② 高宏存.文化治理深化与公共文化机构法人治理建设[J].学术论坛，2018，41(1)：128-134.

第二节 公共文化机构公众参与理事会的行业特征

国务院印发的《关于建立和完善事业单位法人治理结构的意见》明确要求理事会中"外部理事占多数",体现了公众利益优先的理念[①],也是针对少数单位出现的内部人控制现象做出的制度设计。这些外部理事实际上是公共文化服务客体在不同领域的代表,本质上也属于公众参与理事会的一种表现。这样的制度设计也充分扩大了社会参与,通过发挥社会理事各自的专业优势、协同优势和社会影响力,提高了公众影响力。

一、公共图书馆:发挥社会理事对阅读的推广作用

公众参与公共图书馆法人治理最直接的方式就是进入理事会。目前大部分图书馆社会人员理事占多数,达到了《关于建立和完善事业单位建立法人治理结构的意见》的要求。这些社会理事对包括全民阅读在内的文化事业发挥了积极作用。例如,海外理事为浙江省温州市图书馆带来了国际化的文化场馆管理理念和运营机制,以及基层图书馆建设和阅读推广经验;上海图书馆通过理事会中教育界理事的参与,加强了与上海市教委下属学校的沟通联系,为全市中小学生电子学生证增加"一卡通"读者证功能。

二、公共博物馆:社会理事的专业性突出

博物馆在藏品展览维护方面更要求专业性,因此和图书馆相比,馆方理事代表占比会高一些。在具体实践中,博物馆展出内容具有不可再生的特点,需要重点考虑展品的维护、藏品的捐赠等方面,社会理事成员一般向捐赠者、文物保护专家、布展专家倾斜,鼓励更多的捐赠和投资。但是,随着

---

① 李国新.我国公共文化机构的法人治理结构试点[J].图书馆建设,2015(2):4-7.

法人治理理念的深入，一些博物馆，如苏州博物馆等，在发挥社会理事专业互补性的同时，越来越重视理事会与普通群众的沟通渠道和机制的建设，借助信息科技搜集群众反馈，变单向度的内容输出为专业决策基础上的充分互动。

三、群众文艺机构：发挥热心群众代表的辐射带动作用

在群众参与文艺活动方面，群众文艺机构理事会和一些行业协会、文联组织合作最充分，充分发挥了热心群众代表的辐射带动作用。例如，在深圳群众文艺机构积极参与下，由深圳市阅读联合会、集邮协会、群文学会、彩虹花故事妈妈、摄影家协会、阳光家庭等社会公益组织承办或协办的"'邻里书香情——书香福田'图书交换活动"、"深圳十大佳著评选"、"邮乐汇"集邮展、"'书香福田'绘本剧嘉年华"等活动均取得了不错的效果。

第三节　公众自发参与机制的构建

建设现代公共文化服务体系，必须以公众文化需求为出发点，由"供给导向"变"需求导向"。从这个层面来说，必须建立公众自发的参与机制。公共文化机构应该积极借助科技和数据手段，建立有效的政策制定、反馈、评估机制，以需求为导向，建立文化生产和服务的供给模式。公众参与公共文化活动需要从原来被动接受的方式转变为主动的、多元化的参与方式，包括个人的文化活动自愿参与、文化意识自律等，更要主动参与公共文化机构相关决策，积极参与公共文化机构的管理与运营。

一、公众文化权利意识和责任意识的培养

公共文化机构法人治理必须通过公众积极参与才有可能达到最佳的治理

效果。这种效果不仅反映公众作为一个整体对公共文化服务体系构建的广泛判断，以及特定群体经过深思熟虑的判断，也符合社会主义核心价值规范。在法人治理框架下，公众不仅要关心自身文化利益，更要关心更大范围的社区，愿意为社区和邻里的公共文化利益需求承担责任。通过公众参与，可以在法人治理过程中获得满足最大多数公众利益需求的规则和决策。通过广泛参与，公众能够确保个人利益与集体利益不断地得到公共文化机构的倾听和关注。从文化共同体角度看，这种强烈的参与意愿必然有助于民族文化自信的实现，有助于国家文化精神的塑造。

二、畅通理事会与公众连接渠道

推行法人治理改革是畅通理事会与公众连接渠道的一个重要抓手。在完善人事、财务配套措施，明确文化事业单位的自主权的前提下，扩大社会参与，同时要将有益措施通过法律的形式固定下来，充分发挥公共文化机构在培育社会主义核心价值观、传播和弘扬中华优秀传统文化等方面的重要作用。

我们应该将法人治理结构改革与群众需求反馈机制相结合，在试点工作开展中，一些公共文化机构探索出的经验值得借鉴。例如，自理事会成立以来，上海图书情报所发布"上图阅读指数"报告工作常态化，每年定期向社会发布。该报告以全市公共图书馆书刊借阅大数据为基础，努力成为著者、出版单位和读者之间的桥梁和纽带。济南市群众艺术馆推出"济南群艺"微信公众号、"群艺馆"网站作为公共信息发布平台，让市民及时了解群众艺术馆的相关信息，主动接受社会各界监督。[①]杭州下城区制定了《公共文化服务第三方评价规范》和《公共文化服务需求调查规范》，通过6个渠道（走访了解、召开座谈会、发放调查表、开设服务专线、设置意见箱、开设微信公众号），4个环节（征求、梳理、实施、反馈），3种评价（常规评价、跟踪评价和总体评价），形成了群众对政府提供的公共文化服务参与—评价—反馈—再参与的互动模式，实现了公共文化产品个性定制、按需配送，形成了网格化管理、菜单式服务的运营模式。

---

① 马迎春.艺术馆推行法人治理结构的探索及思考：以济南市群众艺术馆公共文化机构法人治理结构建设试点工作为例[J].人文天下，2017(12)：73-76.

三、发挥社会组织桥梁纽带作用

西方国家的各类文化组织在促进文化参与方面发挥着不可或缺的作用。英国文化、媒体和体育部于2008年发布的一项调查显示，在英格兰，近600万人志愿参加艺术活动。相关研究表明，全国有近5万个志愿业余艺术团体，共有590万会员。2006年至2007年，业余爱好者团体举办了71万场表演、展览，吸引了1.59亿人参加，大约34%的业余组织成员后来成为专业人士。德国文化协会的重要性与德国倡导的文化多样性同样重要。在成员自愿参与的前提下，较小城市的文化机构经常作为协会组织起来。这些协会参与图书馆的活动、纪念碑保护、当地文化和当地博物馆、历史博物馆、文化俱乐部和艺术画廊的运作。文化协会也是业余艺术的主要提供者。仅业余音乐领域，就有460万人活跃其中。丹麦业余艺术在音乐和戏剧领域是很有影响力的。如今，丹麦有两个主要的全国性业余组织——丹麦志愿业余艺术协会联合理事会（AKKS）和丹麦业余戏剧协会（DATS），它们有超过10万余名活跃成员，定期参加由当地志愿协会组织的音乐和戏剧活动。来自AKKS的统计数据显示，丹麦每年有超过2.5万项文化活动是由AKKS和DATS的志愿业余协会组织的。业余文化的公共支持主要是国家协会、发展人才的国家方案，以及偶尔用于业余艺术的国家基金，通过国家预算和年度彩票盈余拨款提供资金。市政府向地方社团提供资助的一般条件由《普通教育法》的规定确定，并由地区政府实施。

在我国公共文化机构法人治理探索过程中，也要利用好各类行业协会和文化组织，提高公共文化服务供给的能力和水平。通过吸收各类行业协会和文化组织代表进入理事会、专业委员会等形式，扩大工作覆盖面，坚持面向基层、面向大众，打破体制界限。

四、积极参与内容管理

过去文化机构给什么，公众就接受什么，现在很多地方升级服务方式，变公共文化机构"端菜"为百姓"点菜"。[①]这是非常好的尝试，但是有哪些

---

① 朱琳.基层综合性文化服务中心建设制度创新研究：以山东省玉皇庙镇综合文化站为例[J].人文天下，2016(12)：62-65.

人"点菜",点什么样的"菜",这些菜怎样满足各类群众的需求,都需要进一步通过实践和制度设计解决。另外,并不是流量高的就是好的,如网络直播的很多内容,由于法律监管不到位,出现了很多问题。这些都需要在公共文化内容的服务提供方面做好公众需求与价值导向的平衡。

从公众的角度,应该积极参与文化需求的定制,融入文化内容的创作。公众想看什么类型的书,需要什么样的阅读活动,想看什么类型的文物展览,怎样参与文化遗产的保护等都需要公众改变过去被动消费的情况,积极主动地表达自己的需求。在群众文艺方面,公众应该积极融入文化内容的创作,在生产生活中进行美的发现和美的创造。

五、吸引社会力量投入

各地区之间发展不均衡,财政支付能力较强的省份地区,法人治理开展得比较顺利,发展公共文化的标准也相对较高,而财政相对短缺的地区则反之。目前,公共文化场地和设施的运营还主要靠政府发挥作用。对于设施的运营,要按照要求科学规划、合理布局,主要采取盘活存量、调整置换、集中利用等方式进行建设。同时,扩大社会力量参与,补足基层,特别是农村公共文化设施总量。另外,在已有公共文化场地和设施的基础上,广泛吸纳社会力量参与公共文化机构管理运营,想方设法让公众"走进来"。

要充分借助理事成员的行业背景和社会影响力,促进公共文化机构与政府、社会及国际同行的沟通交流,扩大公共文化机构的社会影响力。例如,在理事的牵线下,上海图书情报所与上海市公共信用信息服务中心合作,在读者自愿前提下,将读者借阅信息纳入市公共信用信息服务平台,便可享受免押金办理"一卡通"读者证。[①]2014年,福田区图书馆与深圳市世纪文化创意管理有限公司、深圳市杜马文化发展有限公司联合创建了深圳文化创意园主题图书馆。该馆具备社区图书馆所有功能,为园区300多家企业、万余名从

---

① 上海市图书馆行业协会课题组·公共图书馆法人治理结构调研[R].上海:[出版者不详],[2014].

业人员提供社区图书馆服务，取得良好的社会效益。[①]从长远来看，需要建立激励机制和保障机制，使这些实践经验具有可持续性和可复制性。

  总而言之，为了达到法人治理最佳效果，应该以公众权利意识和责任意识的培养为基础，思考如何调动公众积极性去参与公共文化服务体系建构，甚至志愿参与公共文化机构的管理，通过法人治理改革，建立以公众文化需求为中心的政策制定、反馈、评估机制，确保公众个人利益与集体利益不断得到公共文化机构的倾听和关注。

[①] 深圳市福田区委宣传部（文体局）.区域性公共图书馆服务体系的法人治理结构探索与研究：以深圳福田为例［R］.深圳：福田区图书馆，2016.

第八章　法治保障：实现文化权利的合理分配

公共文化机构法人治理强调利益相关者之间的权利平衡，而法律本身就是对权力合理分配的过程。目前，我国公共文化事业发展迅速，但受政府行政理念、经济发展水平等多因素影响，公共文化法律制度保障体系还不健全。《中华人民共和国公共文化服务保障法》填补了我国在文化领域基本法律的空白，其中第二十四条也明确建立健全法人治理结构，但是规定过于原则化，缺乏具体的实施细则，距离成为一部能保障公共文化机构法人治理不偏离既定目标的法律还有很长的路要走。

第一节　公共文化机构法人治理法律依据

一、宪法依据

公共文化机构法人治理结构的本质意义在于保障公众自由民主地参与公共文化事务管理的权利。这也契合宪法精神，是公民权利的回归。《中华人民共和国宪法》第一章第二条第一款规定："中华人民共和国的一切权力属于人民。"第一章第二条第三款规定："人民依照法律规定，通过各种途径和形式，管理国家事务，管理经济和文化事业，管理社会事务。"第一章第三十五条规定："中华人民共和国公民有言论、出版、集会、结社、游行、示威的自由。"以上条款为公共文化机构建立法人治理结构、吸纳社会各方代表共同参与公共文化机构治理提供了宪法依据。

二、法律依据

（一）民法依据

自2021年1月1日起实施的《中华人民共和国民法典》第一编第三章第三节第八十九条规定："事业单位法人设理事会的，除法律另有规定外，理事会为其决策机构。事业单位法人的法定代表人依照法律、行政法规或者法人章程的规定产生。"按照上述条文对法人成立条件的要求，公共文化机构属于提供公益性服务的事业单位法人，具有独立民事主体资格，可以依法建立组织机构，形成法人意思表示参与社会活动。

（二）行政法依据

公共文化服务基本是由行政部门直接管理，涉及的基本上是公权关系。因此，公共文化服务法律规制属于公法范畴。公共文化机构法人治理的行政法依据目前主要来源于《中华人民共和国公共文化服务保障法》和《中华人民共和国公共图书馆法》。《中华人民共和国公共文化服务保障法》第二十四条、《中华人民共和国公共图书馆法》第二十三条均对公共文化机构法人治理有专门阐述。

（三）部门规章和地方行政法规依据

《事业单位登记管理暂行条例实施细则》（2005年制定，2014年修订）第三十六条规定了申请事业单位法人设立登记的单位应当具备的条件。这是公共文化机构建立法人治理结构依据之一。《博物馆条例》《关于推动文化文物单位文化创意产品开发的若干意见》的实施，在法律上明确了吸纳社会力量参与文创产品开发。

地方行政法规也为地方公共文化机构法人治理实施提供了具体法律依据。《深圳经济特区公共图书馆条例（试行）》（1997）、《北京市图书馆条例》（2002）、《湖北省公共图书馆条例》（2001）均规定设立图书馆专家委员会为政府决策提供专家意见。它们虽是咨询机构，但已经有法人治理结构的萌芽。苏州制定《苏州市优秀群众文艺作品创作扶持办法（试行）》（2015），公布面向全社会购买公共文化服务清单。《北京市人民政府关于进一步加强基层公共文化建设的意见》（2015）、《首都公共文化服务示范区创建方案》（2015）、《北京市优秀群众文化项目扶持办法（试行）》（2017）等文件，统领指导全市文化工作。这些政策法规没有直接的法人治理论述，但是充分体现了以公众为中心、社会广泛参与的治理理念。

第二节 我国公共文化机构法人治理法律保障体系

一、公共文化机构法人治理法治保障体系概况

公共文化机构法人治理是管理理念与实现方式上的创新，在机构主体运作、管理方式、财政资金保障、服务供给标准、社会参与等方面都应该通过法律规范得以保障。目前，我国与公共文化服务紧密相关的法律有《中华人民共和国公共图书馆法》《中华人民共和国公共文化服务保障法》《中华人民共和国文物保护法》《中华人民共和国非物质文化遗产法》等，行政法规有《中华人民共和国文物保护法实施条例》《公共文化体育设施条例》《历史文化名城名镇名村保护条例》《博物馆条例》等。同时，地方配套性文化立法也加速推进。北京、上海、江苏、安徽等地方文化立法均超过10部。即使如此，我国文化立法依然数量偏少。据不完全统计，我国法律法规总数为3.8万多部。① 其中，文化法律法规只有1000余部，不到全部法律法规总量的3%。此外，存在文化立法层次仍然较低、文化建设等领域立法不平衡等问题。我国公共文化机构法人治理相关法律肇始于事业单位法人治理改革。《关于建立和完善事业单位法人治理结构的意见》（2011）、《国务院办公厅关于印发分类推

---

① 屈菡.文化法治建设深入推进成果显著［N］.中国文化报，2016-02-01.

进事业单位改革配套文件的通知》(2011),就公益性事业单位探索建立和完善建立法人治理结构的基本原则、总体要求、组织实施、主要内容等提出了具体要求。2012年,中央编办印发《事业单位章程示范文本》,为事业单位制定章程提供了基本的规范和指导[①],也为公共文化机构法人治理探索制定章程提供了参考。

其间,一些地方在地方法规的层面推动公共文化机构理事会制度。例如,2007年,深圳市发布《中共深圳市委办公厅、深圳市人民政府办公厅关于印发事业单位体制机制改革创新七项专项改革方案的通知》,指导深圳图书馆等组建理事会。同年,深圳市还发布了《深圳市建立和完善事业单位法人治理结构实施意见》,对理事会的产生、决策机制、基本职能、理事的权利义务等做出明确规定。

党的十八届三中全会通过的《中共中央关于全面深化改革若干重大问题的决定》提出"推动公共图书馆、博物馆、文化馆、科技馆等组建理事会,吸纳有关方面代表、专业人士、各界群众参与管理"。党的十八届五中全会进一步提出完善公共文化服务体系、保障人民群众基本文化权益,公共文化机构法人治理改革的进程进一步加快。

2014年年初,公共图书馆等组建理事会试点被中央文化体制改革和发展工作领导小组列入2014年推进的改革试点任务。2014年7月,文化部发布《文化部办公厅关于开展公共文化服务标准化等试点工作的通知》,其中公共文化机构法人治理结构试点工作方案包括试点主体、试点程序、试点内容等。同年9月,经国家公共文化服务标准化工作专家组评审,《文化部办公厅关于公布国家公共文化服务标准化试点地区等名单的通知》公布了重庆图书馆、广东省博物馆、山东省济南市群众艺术馆等10家国家公共文化机构法人治理结构试点单位名单,正式部署了在全国开展公共文化机构法人治理结构试点工作。经过两年时间,这项试点工作探索不同类型、不同层级的公共文化机构法人治理结构的经验。在此基础上,文化部加强了法人治理结构的政策研究,力图通过制度设计,形成推动全国公共文化机构法人治理结构建设的政

---

① 李松武.认真制定执行事业单位章程 推进事业单位法人治理结构建设[J].中国机构改革与管理,2013(Z1):97.

策性文件。试点工作开展期间，中共中央办公厅、国务院办公厅印发《关于加快构建现代公共文化服务体系的意见》，进一步对公共文化机构法人治理提供政策支持。2016年，公共文化机构法人治理被上升到了法律高度。《中华人民共和国公共文化服务保障法》第二十四条首次从法律层面确定了未来公共文化机构法人治理结构改革的趋势。

2017年9月，中宣部、文化部等七部门联合印发《关于深入推进公共文化机构法人治理结构改革的实施方案》，部署推动在公共文化机构建立以理事会为主要形式的法人治理结构，标志着我国公共文化体系机制的改革进一步深化。方案从时间节点、区域范围、架构形式、职能定位等方面推进公共文化机构法人治理进一步落地。此外，该方案还提出将把法人治理结构建设纳入公共文化机构运行评估和绩效考评体系。2017年11月，《中华人民共和国公共图书馆法》出台，第二十三条明确规定，国家推动公共图书馆建立健全法人治理结构，吸收有关方面代表、专业人士和社会公众参与管理。

二、公共图书馆法人治理法治保障体系

在《中华人民共和国公共图书馆法》（2017）出台前，从最初的《贵州省县级图书馆工作条例》（1985），到《四川省公共图书馆条例》（2013）等，这些地方性法规和规章是建立公共图书馆法人治理结构的具体法律依据。

从以上地方性法规和规章内容来看，均没有对公共图书馆法人治理直接的表述，公共图书馆的管理方面，均明确行政上受当地文化主管部门的领导，实行馆长负责制。例如，《贵州省县级图书馆工作条例》第六章第十六条规定，县级图书馆要单独建制，行政上受当地文化主管部门的领导，业务上接受上级图书馆的指导；县级图书馆实行馆长负责制，统一领导全馆的政治思想工作和业务工作。《深圳经济特区公共图书馆条例（试行）》第二章第五条明确了图书馆主管部门及主管部门履行的具体职责。《北京市图书馆条例》第四条、《河南省公共图书馆管理办法》第四条、《上海市公共图书馆管理办法》第六条均对此做出明确规定。

相关法律法规没有对公共图书馆法人治理直接的表述，但是一些地方性法规和规章中有一些鼓励多元参与管理的条款。例如，《深圳经济特区公共图

书馆条例（试行）》第六条规定，市主管部门成立图书馆专家委员会，为图书馆发展规划、网络建设方案、业务规程等提供意见。《贵州省县级图书馆工作条例》第十七条规定，10人以上的县级图书馆，应建立馆务委员会，协助馆长处理馆内重大的行政和业务问题。馆务委员会由馆长、组长、业务骨干组成。《湖北省公共图书馆条例》第十九条规定，市/州以上文化行政主管部门应当组织成立图书馆专家委员会，对公共图书馆发展规划、馆舍建筑设计方案、业务规程、网络建设方案、管理、重要业务工作等事项提出咨询意见。《北京市图书馆条例》第十三条规定，市文化行政主管部门组织成立图书馆专家委员会，并就其具体职责做了规定。《山东省公共图书馆管理办法》第六条明确，鼓励社会力量兴办公共图书馆。《四川省公共图书馆条例》第四十条规定，可以吸纳有代表性的社会人士、专业人士、读者参与公共图书馆管理。

分析以上地方性法规和规章，公共图书馆的管理沿袭了过去以政府为主导的行政管理体制，公共图书馆的建设、管理和监督由当地文化行政主管部门全面负责；内部管理体制多实行馆长负责制，并未建立公众参与、分权制衡的法人治理结构。[1]《中华人民共和国公共文化服务保障法》第二十四条和《中华人民共和国公共图书馆法》第二十三条都提出，要建立健全公共图书馆法人治理结构，但是并未对公共图书馆理事会的性质做出明确规定，对各方权责关系也没有明确，也没有对第三方评价机构在公共图书馆外部治理中如何发挥监督评价作用做出具体规定。

三、博物馆法人治理法治保障体系

我国目前没有专门的国家博物馆立法，但是先后颁布了具有方针、政策、条例、管理办法等带有法规性质的文件近400份。近些年来，国务院又颁布了《中华人民共和国文物保护法实施条例》《长城保护条例》《历史文化名城名镇名村保护条例》，国家文化、文物部门颁布了40余个部门规章和规范性文件，一大批地方性法规也陆续出台。[2]

---

[1] 付立宏.我国图书馆立法成就述评[J].图书馆，2005(3)：48-53.
[2] 田艳萍.中国博物馆法治化刍议[C]//吉林省博物馆协会，吉林省博物馆.春草集：吉林省博物馆协会第一届学术研讨会论文集.长春：吉林人民出版社，2011.

2008年3月，国务院法制办公布了《博物馆条例（征求意见稿）》及其说明，征求社会各界意见，我国博物馆的立法工作具有了实质性的进展。《博物馆条例（征求意见稿）》第十四条明确，申请设立博物馆提交的博物馆章程草案内容，其中组织机构，包括理事会、董事会或其他形式决策机构的产生办法、人员构成、任期、议事规则等。在此之前，1979年6月，国家文物事业管理局颁发的《省、市、自治区博物馆工作条例》第十七条规定，博物馆要实行在党委领导下的馆长分工负责制；第十六条规定，有条件的博物馆，应成立学术研究委员会，发挥咨询、评议和指导作用。

1982年11月通过的《中华人民共和国文物保护法》与博物馆管理有关的条款有第十条、第三十六条、第三十八条、第三十九条等，但是均不涉及法人治理的内容。2005年通过的《博物馆管理办法》，2008年国家文物局印发的《全国博物馆评估办法（试行）》《博物馆评估暂行标准》，均侧重于藏品的管理与展示以及博物馆的质量评估体系的建立，对博物馆的法人治理结构也无涉及。

从以上这些博物馆相关条例和规定可以看出，目前博物馆法规建设总体上明显仍是一个薄弱环节，缺少专门性、系统性的博物馆法律。此外，博物馆立法大多与文物立法联系在一起，侧重文物保护，涉及管理体制的条款很少，涉及法人治理的法治保障更是空白。

四、群众文艺机构法人治理法治保障体系

我国群众文艺机构相关法规较少，1981年颁布的《文化馆工作试行条例》（已废止）第十五条规定，文化馆设馆长、副馆长，负责领导文化馆工作。其任免除了按干部管理范围的有关规定办理外，还应征得上级政府文化部门同意。2009年8月通过的《乡镇综合文化站管理办法》明确，乡镇综合文化站的职能是协助县级文化馆、图书馆等文化单位配送公共文化资源，开展流动文化服务，保证公共文化资源进村入户。

党的十八届三中全会提出"建设综合性文化服务中心"的改革任务。随后，《国务院办公厅关于推进基层综合性文化服务中心建设的指导意见》（2015）发布，其中《创新基层公共文化运行管理机制》一章明确，强化政府的主导作用，建立健全管理制度，鼓励群众参与建设管理，探索社会化建设

管理模式,从原则上为综合性文化服务中心多元化治理提供了思路。

各地方也有一些有关群众文艺机构的立法实践。《上海市公共文化馆管理办法》(1997)第五条明确,上海市文化局和区(县)文化行政部门的管理职责;第十一条规定,公共文化馆的馆长经市文化局培训、考核合格后,方可上岗。《浙江省文化馆管理办法》(2009)第六条明确,县级以上人民政府文化行政管理部门主管本行政区域内的文化馆工作;第十七条规定,文化馆实行馆长负责制,文化馆的重大事项应当经馆务会议讨论决定。《天津市文化中心管理办法》(2011)第五条、第六条也分别明确了其主管部门和工作职责。

2014年10月,习近平总书记在文艺工作座谈会上发表重要讲话。此后,繁荣群众文艺工作被纳入现代公共文化服务体系建设规划和总体布局,相关繁荣群众文艺工作的政策扶持也逐渐增多。北京市印发《北京市人民政府关于进一步加强基层公共文化建设的意见》《首都公共文化服务示范区创建方案》《北京市优秀群众文化项目扶持办法(试行)》等文件,统领指导全市工作。天津市出台《天津市基层公共文化服务体系建设专项资金管理暂行办法》,设立天津市基层公共文化服务体系专项资金,支持群众文艺发展。苏州市印发《苏州市优秀群众文艺作品创作扶持办法(试行)》,通过专家评审确定立项后,市优秀群众文艺作品扶持工作领导小组办公室将与项目申请单位(个人)签订《苏州市优秀群众文艺作品专项资金使用责任书》,并下拨扶持经费。

这些地方性政策法规在完善群众文艺管理机制,群众文艺作品评估与激励机制、群众文艺发展扶持机制、群众文艺工作者队伍建设等方面进行了有益探索。但是总体来看,法律效力层次不够高,还没形成完善的体系,对文化馆法人治理也缺乏论述。

第三节 公共文化机构法人治理法治保障体系的完善

目前公共服务及公共服务体系已成为法治发达国家行政法治发展的一个

主流或者新的趋向，而作为公共服务一个重要内容的公共文化服务，也在行政法治发展中有所体现。而当前我国有关公共文化服务及其体系的概念和相关范畴在我国行政法治中还是非常零散的问题，必须把公共文化服务所特有的价值在行政法治中体现出来，只有将这种价值体现在法律中，使其成为法律范畴的概念，这种公共文化服务才可能保持长期有序。要在行政法治中体现公共文化服务的重要价值，应由原来为行政相对人设定义务为主转化到为行政主体设定义务为主，让行政主体在行政法治中承担更多义务。同时，应该在立法工作中强化对法人治理结构建设的专题阐释，完善内部制度设计，明确理事会的法律地位、职责权限，使之能够保障公共文化机构法人治理平稳运行。

一、在行政法治中体现公共文化服务的重要价值

法国法学家莱昂·狄骥认为，行政法的发展经过了一个历史变迁过程。在行政法发展初期，主权理论是行政法的理论基础。随着社会的发展，主权理论被公共服务理论所取代。就当代的行政法理论基础而言，公共服务是整个行政法存在的基础和前提。[①]目前，公共服务及公共服务体系已成为法治发达国家行政法治发展的一个主流或者新的趋向，而作为公共服务一个重要内容的公共文化服务也在行政法治发展中有所体现。而我国的行政法治传统受管理理论影响，政府行政系统更愿意在行政管理中为相对一方当事人设定义务，而不是对行政相对人设定义务，更缺乏相应的解纷机制。因此，服务理念在我国的行政法治中很难变成一个基本的行政法现象和行政法事实。[②]从目标导向来看，我国公共文化机构法人治理应更加注重以公众为中心、追求公共利益、重视公众权利和民主性建设。这种改变必须有健全的法治保障体系来支撑，而这种法治保障建设，突出表现在对公共文化机构和公众的赋权。具体而言，行政法在调整公共文化服务行政管理关系的同时，也必须对公共文化服务的主体、范畴、服务方式，以及与其有关设施、其他相关关系等，

---

① 狄骥.公法的变迁[M].郑戈，译.北京：商务印书馆，2013：51.
② 程向阳.从公共服务理论探讨行政法学的转型方向[J].济南职业学院学报，2015（4）：112-114.

做出规制。此外，行政法在运作过程中，双方主体的关系形式应该放在广泛的公共参与的基础上进行，这样才能真正体现公共权力的运行逻辑。[①]

二、在立法工作中强化对法人治理结构建设的专题阐释

《中华人民共和国公共文化服务保障法》《中华人民共和国公共图书馆法》把公共文化机构法人治理提升到了法律高度，但是对公共文化机构法人治理结构建设的法律适用、多元主体参与公共文化机构治理的制度实施、社会评价和外部监督的路径规划，特别是理事会的权责划分等的法律适用和制度供给问题尚未解决，具体到年度报告报告哪些内容，信息披露制度需要披露什么等，更是于法无据。需要结合文化立法工作，强化对法人治理结构建设的专题阐释。通过文化立法工作的推动提高法人治理结构建设的权威性，让相关工作做到有法可依、有据可查，如此才能为推动法人治理结构建设营造良好的社会氛围。

（一）完善内部制度设计，确保理事运行章程化

公共文化机构法人治理的一个重要特点是管理和运营的章程化，通过章程规范的主要事项包括理事会和管理层的关系；理事会与管理层的产生、职责、议事制度；法人治理结构必须建立的基本制度，如年度报告制度、信息披露制度、公众监督制度、决策失误追究制度、审计制度、绩效评估制度、党组织建设制度等。目前大部分公共文化机构的章程均涉及这些制度的建立，但是各地章程内容不一，没有明确的章程制定依据，具体环节，如年度报告报告哪些内容、遵循怎样的规范等还需要具体细化。在未来的法治保障中，应该明确章程的法律地位、效力、主要内容、修改程序等重大事项，同时给公共文化机构一定的自由空间。

（二）明确理事会的法律地位、职责权限

法律层面对公共文化机构法人治理组织结构搭建、运行等具体路径规划，

[①] 张淑芳.论公共服务体系的行政法构造［J］.法学论坛，2014，29（5）：134-145.

特别是理事会的权责划分等的法律适用和制度供给问题尚未完全解决。目前理事会的职能不清，归根到底是没有明确的法律依据。《中华人民共和国公共文化服务保障法》和《中华人民共和国公共图书馆法》已经对理事会建设给予一定的关注，但是简单笼统，尚未对公共文化机构理事会的具体组建、构成、职能、管理运行机制等做详细说明。

发达国家公共文化机构法人治理可以稳定运行，根本原因在于通过立法细化了相关组织架构、人员组成、职责权限、议事规则、各方关系、法律地位等，为建立法人治理结构提供了明确的法律依据。以《大英博物馆法》为例，法律条文明确列出了理事会主要职责有五项。[①]因此，以建立法人治理结构为核心，以完备的法律法规为保障，政府在图书馆管理上的有限作为是我国管理体制改革可供借鉴的有益经验。[②]

对于我国公共文化机构法人治理改革，首要目标就是要理顺政府和公共文化机构之间的权责关系。明确规定政府在参与公共文化机构治理时的角色定位和行使行政权力的边界，规范政府行为由直接管理转变为间接管理，从微观管理转变为宏观管理。在后续法人治理相关立法工作中，应单独设立"公共文化机构组织机构"一节，对公共文化机构建立法人治理结构规定细化，明确赋予公共文化机构理事会合法地位，并详细规定公共文化机构理事会的权利和义务，从而保障公共文化机构法人治理顺利实施。

三、完善配套法律保障

公共文化机构法人治理结构建设是一项涉及政府职能转变、社会治理模式转型、公共文化机构权力运作模式重构的系统工程[③]，仅仅依靠文化领域法律条款的若干原则性规定显然不能达到预期，还需要系统性的综合法律配套供给。

---

① 祁述裕.建立完善文化事业单位法人治理结构[N].人民日报，2013-12-06(24).
② 申庆月.公共图书馆法人治理结构的法律依据研究[J].图书馆建设，2015(3): 8-12.
③ 常大伟，付立宏.我国公共图书馆法人治理结构建设的内在逻辑、现实困境与实施策略[J].国家图书馆学刊，2018，27(3): 3-12.

（一）进一步扩大公共文化机构的人事自主权

公共文化机构人事制度改革的基本方向是由行政管理转变为法制管理，由身份管理转变为岗位管理。应允许经费充裕的单位自行决定内部分配方式，积极促进按劳分配和按生产要素分配两种方式的有机结合，构建有效的参与激励机制，提升各主体参与治理的主动性和行使职权的积极性。

（二）加强财政制度的配套衔接

按照现行财务管理体制，经费的拨付权在文化行政主管部门，经费的预算决策权在公共文化机构理事会[①]，难免出现不协调的情况。人事方面更是涉及管理层的选任、收入分配、养老保险等问题，没有配套制度实施，公共文化机构法人治理只能是纸上谈兵。理想的财务管理体系，应该能够充分利用财会信息对公共文化机构的经营活动决策和管理产生影响。应该从政策激励和法治约束入手，倒逼公共文化机构财务管理从被动执行转变为主动参与，最大限度地发挥财政资源在公共文化机构目标实现过程中的作用。

目前，我国公共文化机构法人治理结构初步建立，但形式上的完备只是法人治理的第一步。如何突破现有人事、财政体系的限制，充分发挥理事会的作用，真正落实法人自主权，需要在试点的基础上，建立完善的法律依据和制度保障，才能将我国公共文化机构的法人治理改革推向深入。

---

① 李国新.公共图书馆法人治理：结构·现状·问题·前瞻［J］.图书与情报，2014（2）：1-6，9.

结 语

我国的公共文化机构法人治理改革是一场自上而下推动的变革,目前仍然处在探索起步阶段,尽管各地通过实践积累了一些经验,初步完成了理事会等组织架构的搭设,但是形式上完备不等同于实施上有效。目前来看,我国公共文化机构法人治理是基于中国特色社会主义治理背景下的实践,与西方法人治理制度形成所依托的理论话语体系确有不同,需要从法人治理的内涵与价值内核中检视我国公共文化法人治理的现状与未来。

笔者认为,我国公共文化机构实行法人治理模式,一方面源于计划经济管理模式向市场经济管理模式转型的现实需求,另一方面源于我国公共文化机构所有权与经营权相分离背景下的现实基础。当然,诞生于西方国家治理演化背景下的法人治理制度在治理逻辑、政策配套等方面均与我国之前的文化治理制度有所不同。因此,有必要聚焦中国公共文化机构法人治理的现实问题,立足中国国情、中国实际、中国特色,将制度自信、理论自信、道路自信、文化自信作为构建现代化公共文化治理体系的逻辑支点与价值追求,从中探寻一整套植根于党和国家文化事业发展,立足于中国现代公共文化治理实际,具有较强制度执行能力的中国现代公共文化治理体系,为公共文化治理现代化提供中国方案、中国样本。

虽然学界目前在公共文化机构法人治理概念、结构、原则等方面初步形成了体系化理解,但是相关研究依然侧重于理事会理事的构成、职能等具体技术层面,习惯于从行政管理角度审视公共文化机构法人治理各主体之间的关系,缺乏服务视角与公众参与视角。受传统管理理论和新公共管理理论的影响,如果我们不能从底层逻辑上构建我国公共文化机构法人治理的理论基础,在实践过程中也只能是技术层面的修补提升,制度设计再完善也只能是

"茶杯里的风暴",不能产生外溢的影响力。我们需要构建一整套理论,能够在一定程度上反映、解释我国公共文化服务理想和价值。

建立在对传统管理理论和新公共管理理论批判反思基础上的新公共服务理论所提出的"公平性""公众参与"这些目标,与我国公共文化发展以人为本理念有所契合,虽然新公共服务理论本质上仍然是依托于西方治理话语体系,但是围绕其提出的"公平性""公众参与"等观点,我们可以尝试与西方一些治理理论建立连接,用中国叙事方式展望我国公共文化机构法人治理的前景。

由于笔者水平有限,本书虽然尝试以一种新的理论视角来探讨我国公共文化机构的法人治理,但是受研究手段、样本数量所限,本书的研究还存在很多不足,特别是因为新公共服务本身仍是一种处在发展变化中的理论,也只能将此当作一种视角进行研究,而不能完全将其中的理论观点完全适用于本书的分析之中。在未来的研究中,需要进一步加强对于相关理论的验证,同时结合中国国情、中国实际、中国特色,构建能够反映、解释我国公共文化服务理想和价值的理论体系,为我国公共文化机构法人治理的本土化实践提供理论支撑。

参考文献

一、书籍

[1] 登哈特 J V，登哈特 R B.新公共服务：服务，而不是掌舵［M］.丁煌，译.北京：中国人民大学出版社，2016.

[2] 奥斯本，盖布勒.改革政府：企业精神如何改革着公营部门［M］.上海市政协编译组，东方编译所，编译.上海：上海译文出版社，1996.

[3] 韦伯.经济与社会：下卷［M］.林荣远，译.北京：商务印书馆，1997.

[4] 本尼斯.组织发展与官僚制的命运［M］//孙耀君.西方管理学名著提要.南昌：江西人民出版社，1992.

[5] 温考普.政府公司的法人治理［M］.高明华，译校.北京：经济科学出版社，2010.

[6] 国家行政学院国际合作交流部.西方国家行政改革述评［M］.北京：国家行政学院出版社，1998.

[7] 俞可平.治理与善治［M］.北京：社会科学文献出版社，2000.

[8] 斯密.国民财富的性质和原因的研究：下卷［M］.郭大力，王亚南，译.北京：商务印书馆，1974.

[9] 伯利，米恩斯.现代公司与私有财产［M］.甘华鸣，罗锐韧，蔡如海，译.北京：商务印书馆，2005.

[10] 曹巍.公司法人治理结构研究［M］.北京：知识产权出版社，2010.

[11] 斯蒂纳 G A，斯蒂纳 J F.企业、政府与社会［M］.张志强，王春香，译.北京：华夏出版社，2002.

［12］丁煌.西方行政学说史［M］.2版.武汉：武汉大学出版社，2004.

［13］布朗，贝尔.法国行政法［M］.高秦伟，王锴，译.5版.北京：中国人民大学出版社，2006.

［14］狄骥.公法的变迁［M］.郑戈，译.北京：商务印书馆，2013.

［15］胡德.国家的艺术：文化、修辞与公共管理［M］.彭勃，邵春霞，译.上海：上海人民出版社，2009.

［16］哈贝马斯.公共领域的结构转型［M］.曹卫东，王晓珏，刘北城，等译.上海：学林出版社，1999.

［17］泰勒.原始文化［M］.蔡江浓，编译.杭州：浙江人民出版社，1988.

［18］金元浦.中国文化概论［M］.北京：首都师范大学出版社，2008.

［19］高宏存.公共文化设施运行机制研究［M］.北京：社会科学文献出版社，2016.

［20］杨琼.治理与制衡：学校法人论［M］.北京：教育科学出版社，2011.

［21］CARVER J. Boards that makes a difference: a new design for leadership in nonprofit and public organization［M］. 2nded. New York: Jossey-Bass. Inc., 1997.

［22］HUGHES O E. Public management and administration: an introduction［M］. London: Macmillan Press Ltd, 1998.

［23］HOULE C O. Governing boards: their nature and nurture［M］. San Francisco: Jossey-Bass,1997.

［24］BLAIR M M. Ownership and control: rethinking corporate governance for the twenty-first century［M］. Washington, D. C.: Brookings Institution Press, 1995.

二、期刊、报纸与论文

［1］张泽民.试论意识形态的文化属性及精神交往平等性［J］.学校党建与思想教育，2009(26).

［2］杜利娜.当代中国特色社会主义文化事业建设的问题与出路反思［J］.重庆理工大学学报（社会科学），2019，33（1）.

［3］王列生.论构建公共文化服务体系的意识形态前置［J］.文艺理论与批评，2007（2）.

［4］林玮.中国共产党90年来文化政策重心的四次转移［J］.中共四川省委党校学报，2012（2）.

［5］申庆月.公共图书馆法人治理结构的法律依据研究［J］.图书馆建设，2015（3）.

［6］斯托克.作为理论的治理：五个论点［J］.华夏风，译.国际社会科学杂志（中文版），1999（1）.

［7］王本欣.共同治理：合作存储图书馆治理机制研究［J］.图书馆论坛，2013，33（5）.

［8］祁述裕，张祎娜."共治"模式的三个转型［J］.国家治理，2014（16）.

［9］汪向阳，胡春阳.治理：当代公共管理理论的新热点［J］.复旦学报（社会科学版），2000（4）.

［10］朱红艳.国内公共图书馆法人治理结构知识图谱构建与分析［D］.合肥：安徽大学，2016.

［11］周建华.公共图书馆法人治理结构的分析与思考［J］.图书馆建设，2014（12）.

［12］徐贵宏.中国特色现代事业法人治理结构、治理机制与治理规则［J］.行政科学论坛，2014，1（3）.

［13］蒋永福.从图书馆管理走向图书馆治理：图书馆法人治理结构与行业管理初探［J］.高校图书馆工作，2010，30（5）.

［14］谢一帆.法人治理结构：事业单位改革的新课题［J］.兰州学刊，2008（7）.

［15］李国新.公共图书馆法人治理：结构·现状·问题·前瞻［J］.图书与情报，2014（2）.

［16］高宏存.文化治理深化与公共文化机构法人治理建设［J］.学术论

坛，2018，41(1).

[17] 许京生，刘晓颖.我国公共文化机构建立法人治理结构的探索与实践[J].图书馆杂志，2015，34(9).

[18] 王静.建立健全博物馆法人治理结构的示范意义[J].博物馆研究，2015(3).

[19] 祁述裕.文化文物单位管理体制创新的重要抓手[J].上海文化，2016(6).

[20] 王天泥.法人治理：公共图书馆治理转型的制度设计——基于行政型到社会型的社会组织治理转型视角[J].图书与情报，2015(2).

[21] 常大伟，付立宏.我国公共图书馆法人治理结构建设的内在逻辑、现实困境与实施策略[J].国家图书馆学刊，2018，27(3).

[22] 李国新.我国公共文化机构的法人治理结构试点[J].图书馆建设，2015(2).

[23] 易红，王宁远.公共图书馆法人治理结构现状调查与分析[J].图书馆研究与工作，2018(1).

[24] 肖容梅.深圳图书馆法人治理结构试点探索及思考[J].中国图书馆学报，2014，40(3).

[25] 樊霞.公共图书馆法人治理结构体系建设初探：以朔州市图书馆为例[C]//全国中小型公共图书馆联合会，中国知网·中国知识资源总库编委会.全国中小型公共图书馆联合会2015年研讨会会议论文集：二[C].北京：[出版者不详]，2015.

[26] 马迎春.艺术馆推行法人治理结构的探索及思考：以济南市群众艺术馆公共文化机构法人治理结构建设试点工作为例[J].人文天下，2017(12).

[27] 杨文辉，王纲.法人治理新探索：联合理事会制度——以西部遂宁市文化体制改革为例[J].四川图书馆学报，2018(1).

[28] 马玲.国外图书馆法人治理结构建设特色与启示[J].图书馆工作与研究，2015(9).

[29] 张世颖.西方国家公共图书馆建设主体设置模式及其对我国的启示

[J].图书馆建设,2010(11).

[30]李佳.中美公共图书馆建设主体、管理主体比较研究[J].山东图书馆学刊,2012(2).

[31]罗珊珊.纽约公共图书馆的法人治理结构[J].图书与情报,2014(2).

[32]金武刚.大英图书馆的法人治理结构[J].国家图书馆学刊,2014,23(3).

[33]崔丽.新加坡国家图书馆管理局的法人治理结构[J].图书与情报,2014(3).

[34]陈慰.公共图书馆法人治理结构探析:以美国弗吉尼亚州公共图书馆理事会为例[J].图书馆杂志,2015,34(9).

[35]左然.构建中国特色的现代事业制度:论事业单位改革方向、目标模式及路径选择[J].中国行政管理,2009(1).

[36]赵立波.事业单位法人治理结构问题研究[J].中共浙江省委党校学报,2015,31(2).

[37]戴珩.文化事业单位法人治理结构的理论逻辑和实践路径[J].图书馆建设,2015(2).

[38]李松武.认真制定执行事业单位章程 推进事业单位法人治理结构建设[J].中国机构改革与管理,2013(Z1).

[39]周晓梅,李学经.事业单位构建法人治理结构的探索与思考:以广东为例[J].中国行政管理,2015(7).

[40]战恒彬.北京故宫博物院法人治理结构研究[D].北京:首都经济贸易大学,2017.

[41]王相华.公益性文化事业单位法人治理结构建设的浙江实践[J].文化艺术研究,2016,9(3).

[42]云冠平,朱义坤,徐林发.经营者支配公司之成因[J].经济学动态,1998(5).

[43]王鹤云.我国公共文化服务政策研究[D].北京:中国艺术研究院,2014.

［44］威尔逊.行政学之研究［J］.李方,译.国外政治学,1987(6).

［45］冯佳.美国公共图书馆理事制度研究:以纽约州为例［J］.图书情报工作,2014,58(16).

［46］林梦笑.法定机构机制在图书馆治理中的运用:以新加坡国家图书馆管理局为例［J］.公共图书馆,2016(3).

［47］李玲玲,梁疏影.公共利益:公共政策的逻辑起点［J］.行政论坛,2018,25(4).

［48］曾祥华.必要、困难与前提:也谈公共利益的界定［J］.江南大学学报(人文社会科学版),2009,8(1).

［49］姜盼盼.利益衡量视角下的读者个人信息保护探究:基于《公共图书馆法》第43条［J］.图书馆建设,2018(12).

［50］赵颖.我国文化事业财政投入研究［D］.大连:东北财经大学,2013.

［51］祁述裕.建立完善文化事业单位法人治理结构［N］.人民日报,2013-12-06(24).

［52］肖容梅.我国公共图书馆法人治理结构建设现状与分析［J］.国家图书馆学刊,2014,23(3).

［53］孔进.公共文化服务供给的国际经验及借鉴［J］.国外社会科学,2015(2).

［54］李松武.建立健全法人治理结构 创新事业单位体制机制［J］.中国机构改革与管理,2012(1).

［55］韩业庭.让理事会成为"当家人":以法人治理结构改革激发公共文化机构活力［N］.光明日报,2017-09-19(7).

［56］陕西省审计学会课题组.试析我国文化事业财政投入绩效审计［J］.现代审计与经济,2013(2).

［57］朱琳.基层综合性文化服务中心建设制度创新研究:以山东省玉皇庙镇综合文化站为例［J］.人文天下,2016(12).

［58］屈菡.文化法治建设深入推进成果显著［N］.中国文化报,2016-02-01.

[59] 付立宏.我国图书馆立法成就述评[J].图书馆，2005(3).

[60] 田艳萍.中国博物馆法治化刍议[C]//吉林省博物馆协会，吉林省博物院.春草集：吉林省博物馆协会第一届学术研讨会论文集.长春：吉林人民出版社，2011.

[61] 张淑芳.论公共服务体系的行政法构造[J].法学论坛，2014，29(5).

[62] 黎少华，艾永梅.广东法定机构改革试点调查[J].中国经济报告，2014(3).

[63] 王玉芳.政府与大学关系之调整：试析台湾公立大学行政法人化[J].教育学术月刊，2011(9).

[64] HOOD C. A public management for all seasons?[J]. Public administration, 1991, 69(1).

[65] LIGHT P C. The tides of reform: making government work, 1945-1995[J]. Political science quarterly, 1998, 113(4).

[66] PETERS B G. The future of governing: four emerging models[M]. Lawrence: University Press of Kansas, 1996.

[67] FOX C J. Reinventing government as postmodern symbolic politics[J]. Public administration review, 1996, 56(3).

[68] TERRY L D. Why we should abandon the misconceived quest to reconcile public entrepreneurship with democracy: a response to Bellone and Goerl's "Reconciling public entrepreneurship and democracy"[J]. Public administration review, 1993, 53(4).

[69] WORLD BANK. Governance and development[R]. Washington, D.C.: World Bank, 1992.

[70] WILLIAMSON O E. On the governance of the modern corporation[J]. Hofstra law review, 1979(8).

[71] WILLIAMSON O E. Corporate governance[J]. Yale law journal, 1984(6).

[72] YOUNG D R. The first three years of NML: central issues in the

management of nonprofit organizations［J］. Nonprofit management and leadership, 1993, 4(1).

［73］JENSEN M C, MECKLING W H. Theory of the firm: managerial behavior, agency costs and ownership structure［J］. Journal of financial economics, 1976, 3(4).

［74］JENSEN M C, RUBACK R S. The market for corporate control: the scientific evidence［J］. Journal of financial economics, 1983, 11(1-4).

［75］CLARKSON M B E. A stakeholder framework for analyzing and evaluating corporate social performance［J］. Academy of management review, 1995(1).

［76］KETTL D F. The global revolution in public management: driving themes, missing links［J］. Journal of policy analysis and management, 1997, 16(3).

三、政策法律文件

［1］全国人民代表大会.中华人民共和国宪法［Z］.2018.

［2］全国人民代表大会.中华人民共和国民法典［Z］.2017.

［3］全国人民代表大会常务委员会.中华人民共和国公共文化服务保障法［Z］.2016.

［4］全国人民代表大会常务委员会.中华人民共和国公共图书馆法［Z］.2017.

［5］全国人民代表大会常务委员会.中华人民共和国文物保护法［Z］.1982.

［6］国务院办公厅.国务院办公厅关于推进基层综合性文化服务中心建设的指导意见［Z］.2015.

［7］国家事业单位登记管理局.事业单位登记管理暂行条例实施细则［Z］.2014.

［8］十八届中央委员会第三次全体会议.中共中央关于全面深化改革若干重大问题的决定［Z］.2013.

［9］国务院办公厅.国务院办公厅关于印发分类推进事业单位改革配套文

件的通知［Z］.2011.

［10］国务院办公厅.关于建立和完善事业单位法人治理结构的意见［Z］.2011.

［11］文化部办公厅.文化部办公厅关于开展公共文化服务标准化等试点工作的通知［Z］.2014.

［12］中共中央办公厅，国务院办公厅.关于加快构建现代公共文化服务体系的意见［Z］.2015.

［13］中共中央宣传部、文化部、中央编办，等.关于深入推进公共文化机构法人治理结构改革的实施方案［Z］.2017.

［14］中央机构编制委员会办公室.事业单位章程示范文本［Z］.2012.

［15］国务院.博物馆条例［Z］.2015.

［16］文化部.博物馆管理办法［Z］.2005.

［17］国家文物局.省、市、自治区博物馆工作条例［Z］.1979.

［18］文化部.文化馆工作试行条例（已废止）［Z］.1981.

［19］文化部.乡镇综合文化站管理办法［Z］.2009.

［20］贵州省人民政府.贵州省县级图书馆工作条例［Z］.1985.

［21］深圳市人大常委会.深圳经济特区公共图书馆条例（试行）［Z］.1997.

［22］北京市人大常委会.北京市图书馆条例［Z］.2002.

［23］河南省人民政府.河南省公共图书馆管理办法［Z］.2002.

［24］上海市人民政府.上海市公共图书馆管理办法［Z］.1996.

［25］湖北省人大常委会.湖北省公共图书馆条例［Z］.2001.

［26］山东省人民政府.山东省公共图书馆管理办法［Z］.2009.

［27］四川省人大常委会.四川省公共图书馆条例［Z］.2013.

［28］上海市人民政府.上海市公共文化馆管理办法［Z］.1997.

［29］浙江省人民政府.浙江省文化馆管理办法［Z］.2009.

［30］天津市人民政府.天津市文化中心管理办法［Z］.2011.

［31］北京市文化局，北京市财政局.首都公共文化服务示范区创建方案［Z］.2017.

［32］北京市文化局.北京市优秀群众文化项目扶持办法（试行）［Z］.2016.

［33］苏州市人民政府.苏州市区群众文化活动扶持办法［Z］.2015.